共同体

COMMUNITY 004

各美其美
美美与共

共同体别传

李敖登陆记

出版背后的故事

李昕 著

深圳报业集团出版社
SHENZHEN PRESS GROUP PUBLISHING HOUSE

李
昕

1982年毕业于武汉大学中文系。曾担任人民文学出版社社长助理兼编辑室主任，香港三联书店总编辑，生活·读书·新知三联书店总编辑，现已退休。

从事编辑工作34年，是业内知名的出版专家，享受国务院特殊津贴。早年曾被评为首届全国中青年优秀图书编辑，2013年被深圳读书月评选为年度“致敬出版人”。工作之余，从事文学和编辑学研究，系中国作家协会会员，南开大学、河北大学兼职教授，北京印刷学院兼职硕士生导师，有一系列文学研究和编辑学论文，兼有文学创作散见于报刊，著有编辑学演讲录《做书：感悟和理念》、随笔集《清华园里的人生咏叹调》。

目 录

序　言

快看李昕笔下的李敖

胡洪侠

1989年秋天，我去中国人民大学读硕士研究生，闲来逛书摊买的第一批书中，有李敖的《独白下的传统》。此前陆续读过金庸、梁羽生、三毛、琼瑶、余光中、席慕蓉、柏杨、龙应台，至此方知港台作家还有李敖其人。那时印在报纸杂志上的文字我虽看不上眼，印在书上的字句还是当一回事的。只见《独白下的传统》封底赫然印着如下文字：

五十年来和五百年内，
中国人写白话文的前三名是
李敖，李敖，李敖，
嘴巴上骂我吹牛的人，
心里都为我供了牌位。

这真让我大吃一惊。也曾见过多少作家吹牛，吹得如此之大的，前所未有。既然敢把话说到天上，此人应该有些天才天分，不然怎么会印到书上？况且这新书还是人民文学出版社出的。于是买下，快读一过，好在并无失望，甚至时时连呼过瘾。我当时锻炼文字力避翻译体和公文体，要求自己少读乃至不读当代大陆作家作品，到处搜罗港台作家的新书旧著，边读边揣摩白话文的另一种写法。那个冬天，董桥《乡愁的理念》尚未“登陆”，柏杨《丑陋的中国人》热闹已过，龙应台的《野火集》正版与盗版犹在书摊上并蒂莲一般盛开。说时迟，那时快，李敖来了。

20年以后，因主持评选“深圳读书月年度十大好书”，结识了时任北京三联总编辑的李昕先生。酒桌上他虽不算善饮，但是善谈，会讲故事，嗓门洪亮，京味儿普通话字正腔圆，满肚子海内外的书故事。某次又和他在隆福寺附近的“娃哈哈”酒楼小聚，走进大堂，见灯光较前暗了许多，食客也稀疏。问服务员，方知这“娃哈哈”不知何故，翌日将停业，我们竟赶上了这家酒楼最后的晚餐。似乎就是那夜席间，我第一次听李昕讲李敖的书故事，听他描述在台北李敖家中的所见所闻——

……李敖的家里的高级音响设备，始终在轻声播放着西洋名曲。李敖的听力不好，这声音对他其实有干扰。听我说话，他还不时要把手挡在耳后，才能听清。于是我建议他把音响关掉。但他说不能关，这恰恰是为了我们能够放心讲话。我问为什么，他说，过去他的房间曾被国民党入室安装窃听器，装在角落里，还用喷雾器喷上灰尘，但还是被他发现了，为了防止有人录音，他喜欢一边播放背景音乐一边与人谈话。

我又看到他腰上挂着很沉重的东西，便问那是什么，他撩起夹克衫，我便看见皮带上串着一架微型相机，还有两样家什没看清。李敖说一个是高压电枪，可以放一万伏高压电,说着他把那貌似手机的东西握在手里，手指一按，啪啪闪着白光；另一件是兰博刀，他也掏出来演示，说那刀用一只手可以打开使用。这都是他用以防身的……

一桌人听至此，不禁连连感叹。这部分内容业已收入本书中。而我尤感兴趣者，还是《独白下的传统》《北京法源寺》那几种人民文学版的李敖新书。那是我阅读史中的重要章节，是我“白话文之旅”中的必游景点。而这几本书，原来皆由李昕促成，而李昕正坐在我的旁边。历史忽然变成现实，我听李昕讲李敖的故事，因此而大有他乡遇故知之感。读李敖时，不知李昕；识李昕时，知更多李敖，又知道出李敖新书之曲折，与李敖打交道之不易。当年买李敖之书时，心里曾赞叹出版社有胆有识。既认识了李昕，我这敬意有了具体的目标，那晚“娃哈哈”的酒就喝得格外畅快。

又数年，李昕告别三联总编辑岗位，却又难舍出版情怀，于是开始汇书业风云于笔端，将多年亲见亲闻的书人书事一一写出，极尽绘声绘色、重回现场之能事，堪称当代中国出版史一部难得的文献故事集。得知他写了李敖，我即求他将专栏文字查缺补漏，增新添旧，扩为书稿，交我出版，他答应了。是为深圳报业集团出版社“共同体别传”第一种，名为《李敖登陆记》。

李昕写李敖，抱一种理解之同情，不似坊间网上那些源于以讹传讹，而又抱一偏之见、泄一家之愤的“网红”文字。比如李敖的狂，李昕的理解是：

从李敖的角度考虑，他的张狂有合乎逻辑的成分。当年他从台湾国民党控制的舆论环境下突出重围，没有这股子狂劲儿是做不到的。他的狂，也曾经是被欣赏、被仰慕的。影星胡因梦嫁给他，爱的就是他的特立独行。但是后来，他屡屡被当局打压和排斥，人被关，书被禁，舆论被封杀，他渐渐落到自己不说狠话，别人便不理不睬的境地。他必须发表些振聋发聩的言论，才能引起社会关注。久而久之，以狂傲不羁的态度做惊人之语，渐渐成了他的语言风格。

有这样一种态度，李昕笔下的李敖读来觉得更真实，更丰富，更有趣。李敖自创一“书世界”，他自在那里为帝为王，快意恩仇。欲一探那世界的虚实，不妨把《李敖登陆记》当作登堂入室的阶梯。

李敖当年为《独白下的传统》写序，题目是《快看〈独白下的传统〉》。如今李昕命我为《李敖登陆记》写序，我不敢不从，于是戏仿旧题，写这一篇《快看李昕笔下的李敖》。

2016 年 7 月 10 日，星期日，深圳

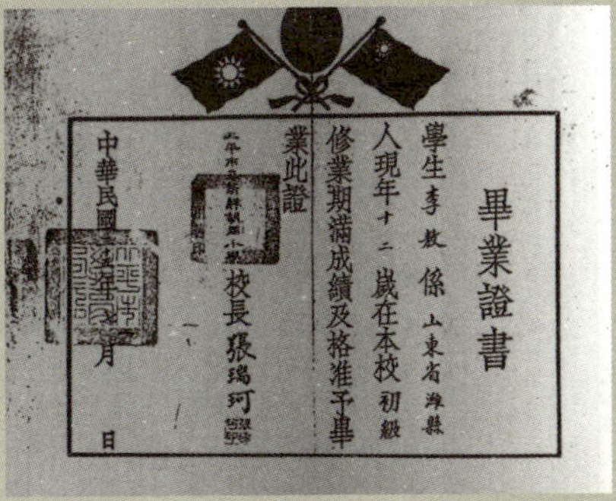

畢業證書

學生李敖係山東省濰縣人現年十二歲在本校初級修業期滿成績及格准予畢業此證

校長張瑞珂

中華民國　年　月　日

李敖在北京新鲜胡同小学初小毕业的证书

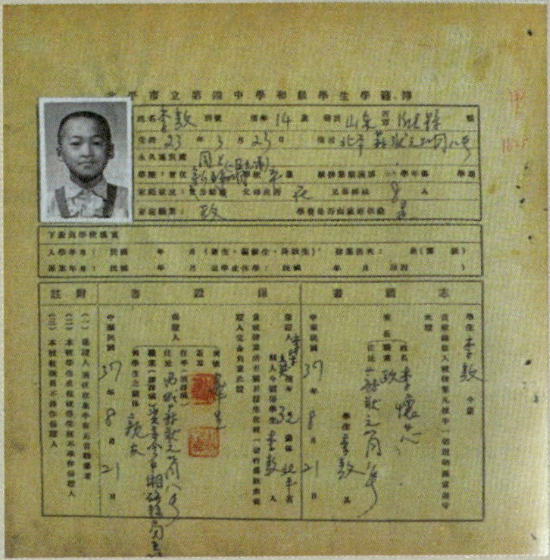

北京四中档案中的初一学生李敖

李敖当年入台证上的照片，大约13岁

台湾大学历史系学生李敖

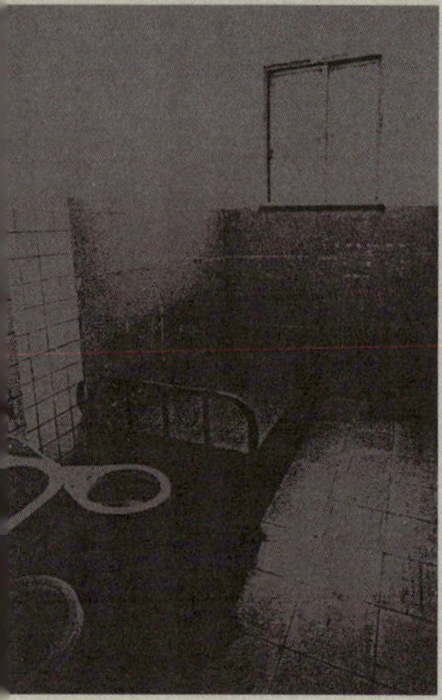

第一次入狱时的牢房

第二次出狱，在监狱门口

“文星”被查封

2004 年 10 月在阳明书房后院（赖岳忠摄影）

多年后重回第二次入狱的牢房

2013 年 6 月在金兰大厦的书房（赖岳忠摄影）

我与李敖先生的交往，算起来超过 25 年。不敢自称老友，一是担心高攀，被认为是“谬托知己”，借以自重；二是因为我们的交往中，磕磕碰碰、争争吵吵实在不少。至少有两次，李敖甚至想和我打官司呢。但作为编辑，我和他的合作总体上成功且愉快。其间的曲曲折折，恩恩怨怨，于今想来也蛮有趣，值得一记。

题记

上篇　李敖登陆记

一、“独白”的旋风

第一次闻知李敖大名，是在 1985 年。那年北大举办一场报告会，请专家介绍台湾思想界状况，我去旁听了。从报告中，我知道了柏杨和李敖这两个名字，了解到他们反权威、反传统、反专制、反暴政的言论和事迹，很有几分景仰。

那时他们的著作都没有在大陆出版。但是很快，湖南一家出版社出版了柏杨的《丑陋的中国人》。找来一读，颇感作者的“中国文化酱缸论”振聋发聩，但事后细想，又觉作者不免危言耸听，有哗众取宠之嫌。

最早读李敖的书，是当时大陆未经授权而“内部出版”的《蒋介石研究》。三大卷，厚厚的，里面有颇多史料，我们在当时闻所未闻，见解也有耳目一新之感。读后发现李敖在史学研究方面的功底远胜于柏杨。而他的文笔犀利、尖锐，嬉笑怒骂皆成文章，文采飞扬，胆识过人，有鲁迅风。

读李敖的书，并不曾想到出版他的作品。那时我在人民文学出版社编辑文学类图书，把李敖当作思想家和学者，并非文学家。但两三年后，李敖的一位友人的到来，使我和他结下了不解之缘。那人是李敖的朋友陈中雄，来自台湾，时间是 1988 年年底。

陈中雄是为李敖送书的，说李敖指定要将自己的一批书送给人民文学出版社。他本人不能亲自前来，因为他在台湾与国民党政府对立有年，国民党恨不得驱逐他出境，如果他离开了台湾，国民党非乘机拒绝他重新入境不可，那他就成了无家可归的流浪汉了。所以他要留守台湾和国民党共存亡。

我接收了这批书，一共 20 多本，都是李敖 20 世纪 80 年代以前的代表性著作。适逢 1989 年 1 月，出版社成立综合编辑室，由我担任主任。

此编辑室的分工，要突破狭隘的文学局限，组织出版思想文化读物。于是李敖著作的遴选、编辑和出版的责任就落到我的身上。

我首先看中的是他作为杂文家的两本代表作《传统下的独白》和《独白下的传统》。这两本书对于中国文化传统的剖析和揭示，独到而深刻，入木三分，却又不像《丑陋的中国人》那般偏激。

《传统下的独白》，1963 年在台湾首次出版，是李敖的成名作，他自己说："这本书包括二十篇文字，篇篇都是名副其实的'杂文'，有的谈男人的爱情，有的谈女人的衣裳，有的谈妈妈的梦幻，有的谈法律的荒谬，有的谈不讨老婆的'不亦快哉'……各文的性质虽是杂拌儿，但是贯穿这杂拌儿的却是一点反传统、藐视传统的态度。"

这种态度，使李敖有一种"虽千万人吾往矣"的孤独感。面对芸芸众生，却感落落寡合。于是他把这些文字称为"独白"。

李敖先生

他以这种特立独行的姿态走上文坛，几年以后，便经历了一场牢狱之灾。在狱中和出狱以后，他对于中华文化传统的认识更加深刻和系统化了，但是仍然无人与之对话，于是他再次做“独白”，写下了《独白下的传统》。

这本书一下就吸引了我。别的不说，只是序言《快看〈独白下的传统〉》里面的几句话就把我牢牢抓住了，李敖说：

中国这个庞然大物，还在雾里。

作为一个中国人，要想了解中国，简直没有合适的书看。

中国没能被了解——全盘的了解。中国被误解了。中国被瞎子摸象。

写这本书的目的，是帮助中国人了解中国，帮助非中国人——洋鬼子，东洋鬼子，假洋鬼子——别再误解中国。

我当时并不知道，这本书的由来还有故事。

几年以后，我认识了台湾出版界的“小能人”、被李敖称为“最有眼光的出版家”的沈登恩先生，才知道，这本书是他催生的。

1979年，李敖出狱已经两年多了，但是他仍然在媒体上处于被封杀状态。沈登恩自中学时代就是李敖的粉丝，此时作为远景出版社的老总，他三顾茅庐，邀请李敖重出江湖。但当时他想的，只是要再版李敖未曾被查禁的《胡适研究》和《胡适评传》。然而李敖不甘于此，他说：

李敖十四年被封锁，如今重返江湖，只出版两本出过的书，未免太寒酸了，总该出一本台湾没发表过的。

于是李敖精心包装了《独白下的传统》，亲自为它写了全套的广告词。那一段著名的吹牛文字，就印在这本书的扉页上：

五十年来和五百年内，

中国人写白话文的前三名是

李敖，李敖，李敖，
嘴巴上骂我吹牛的人，
心里都为我供了牌位。

——李敖

此外，此书的封底还有一句令我印象颇深的广告词，李敖说：

远景过去没有李敖，李敖过去没有远景，现在，都有了。

这便以双关含义，把自己和远景出版社联系起来。我读了便想，李敖真是仗义，硬是要拉着出版社一起出名。

这两本小书令我爱不释手。我们决定第一批推出。但是因为两本书篇幅都很小，总共不足 20 万字，在当时所有的图书都采用 52 克胶版纸印制，所有的版面都用老五号宋体铅字排版的统一格式下，分作两本出版，就成了两个小册子，不够大气。于是我们把两本书合二为一，定名为

《独白下的传统》，在 1989 年春季推出。这是李敖作品首次通过正式授权在中国大陆出版。

如何做宣传？那时也小有争议。我希望来一点先声夺人的声音，于是准备将那段五百年来写白话文前三名全是李敖的广告词印在封底。但当时编辑部有人批评我不够庄重。我能理解，因为人民文学出版社是一家极其严肃的出版机构，难以容忍此等花言巧语。哪怕是另行印制广告，也不可肆意夸张，何况这是要印在书上的文字。但是，为了打开市场，我坚持未改，可以算是打破了这家出版社的老规矩吧。

当时的图书发行主要靠省地县三级的大约 3500 家新华书店。我们专门和新华书店总店联络，根据他们的要求，印制了一万张介绍此书的海报，委托他们在全国范围内分发。海报的内容，我们是颇费心思的。我和编辑们分析了文化界的情况，认为此时尚处于“文化热”的末期，读者对于中国文化题材的图书热情尚未消退，因而此书有潜力成为畅销书。但是，李敖的知名度还没有打开。他和柏杨在台湾齐名，可柏杨前两年靠着《丑陋的中国人》已经声名大噪了，而李敖在大陆仍然不为人知。于是我们觉得应该把柏杨和李敖绑在一起宣传。制作海报时，我们就特地强调，柏杨和李敖双峰并起，各有千秋，他们的著作，可以两相对照，相得益彰。一时间，此书的海报贴满了全国各地大大小小的新华书店。那时，中国大陆还很少有人使用这种方法进行图书促销，我们的宣传顿时奏效，此书首印5万册一抢而空，很快重印发行到近20万册。

二、节外生枝的插曲

那个阶段，虽然书出版了，但我并没有见过李敖。他不能来，我也没有机会去台湾。我们只是偶尔通一次电话，我与他的联系主要通过他的版权代理人。

代理人换过几个，陈中雄只来过一次，就换成了苏荣泉。苏是一位年轻人，不到40岁，和我的年龄相仿。但他头衔不小，是李敖出版社总编辑。他说自己是李敖的粉丝，因为痴迷李敖，就索性过来帮李敖做事了。台湾那边李敖著作出版，就是他操持的。此人头脑清晰，精明强干，一看便知是台湾新一代精英。他来过两次，代表李敖签订过几本书的出版合同，和我们谈话很投机。他对我也很有几分欣赏，说是以他的观察，发现我重视效率，因而很适合到香港或者台湾去工作，这预言后来还真是被证实了。

颇为意外的是，很快我就听说，苏荣泉命运遭遇不测，先是在台湾被绑架，后来在泰国旅游时被人枪杀，真令人心痛和惋惜。

接替苏荣泉的是从美国来的陈又亮和《北京

青年报》记者张海燕。陈是李敖台大的同学，小李敖4岁，现在美国佐治亚理工学院担任生物工程教授。他在中国大陆有投资和科研项目，每年都有几个月的时间在中国。他与李敖感情极好，当年曾住在同一间宿舍，思想观念也趋于一致。或许是受李敖影响，陈在美国留学期间，曾是“保钓运动”的积极参加者，属于台湾地区留美学生的左翼，曾有过不少亲中爱国的经历，至今令他感到自豪。张海燕因为和陈又亮是老朋友，她可能是大陆最早接触大批李敖著作的人，属于李的铁杆粉丝。

这两人都和我一见如故，说来也是有缘分。聊家常时，我无意中发现，陈又亮的祖父竟然与我的伯祖父是拜把子的兄弟，而张海燕的两个哥哥都与我相熟，其中一位曾与我一同作为下乡知青，有过同甘共苦的经历。于是我们的关系又拉近一层。

陈又亮和李敖老友鬼鬼，两人的热线电话日日不断。陈可以像李敖的家人一样，在任何不方便的时候与李敖通话，包括把电话打到李敖的饭桌上、被窝里。这样，我通过陈又亮，与李敖联系相当方便。

《独白下的传统》一炮而红之后，我们和陈又亮、张海燕商量，趁热打铁，在几年之内，陆续出版了《李敖自传与回忆》《北京法源寺》《话中外古今》等作品，一共七本，形成“李敖作品系列”。这些书，每一本都有影响，销路也不错。

一次，张海燕给我拿来四本李敖著作，是台湾学者应凤凰编辑的一套《李敖语录》。我发现此书读来很精彩，很过瘾，因为李敖其人，最是“语不惊人死不休”，他的言论，总是富有思想冲击力，又同时闪烁智慧之光，常常是妙语连珠，格言警句迭出。这样的内容，本身就适合用语录体来出版。我们自然是愿意推出大陆版本，但在印制之前，却又颇费踌躇。我思来想去，希望琢磨出一个更好的书名，却未能如愿。怪我思想不够开放，头脑中有框框，一心总觉得“语录”这个词，似是毛泽东等领袖人物的专属名词，一般人不可轻易擅用。结果，我们的编辑把四本小书中的语录精选出来，编成一册，考虑到内容包罗万象，我便给它取名《话中外古今》。于今想来，此题目不仅大而无当，而且也有些埋没李敖的精彩言论了。这不能不说是我当年留下的一个遗憾。

除了上面提到的以外，我们发现李敖有一本书极有特点，这就是《坐牢家爸爸给女儿的八十封信》。和其他所有著作不同，这是一本亲子教育书，内容是李敖在监狱中给女儿讲解英语的信件。李敖把女儿送到美国去读书，自己无法陪伴在旁，他便用这种方式，表达自己的关爱。令我们吃惊的是，李敖这个一天都没有出过国的土包子，英文却堪称一流。他对很多英文字句的讲解，竟是地道至极。这本书出版很多年后，还不断有朋友对我说，自己当年也曾捧着这本书，跟着李敖学过英语！

那时编辑出版台港海外文学作品，没有送审制度。书能不能出，出版分寸如何掌握，全靠编辑自己把关。我出版李敖作品，一字不改，尽量不删。一般遇到“敏感问题”，只在不得已处删去几个字，或者一句两句。

李敖是有心人。什么地方出版后少了一句话，他心知肚明。但他懂得大陆的规矩，对我所做的删节处理并未提出质疑。所以通起电话，双方都是哈哈哈，你谢我我谢你，特别开心。

但是，若干年后，我们编辑过的作品又被其他出版社拿去出版。新版本出来以后，李敖将两个版本对照，发现人民文学版保留的一些字句，却被新版本删去，于是便在电话中对我发感慨，问为什么你们大陆出版会有两个标准，我只能

李敖先生

说标准是因人而异的，各人的政治判断不同。但是，有时他抱怨的事情实在离谱，例如在我们出版了《坐牢家爸爸给女儿的八十封信》11 年之后，甘肃一家出版社重出此书，竟然将序言中李敖要女儿“不念三民主义，不受国民党教育的污染”这 16 个字莫名其妙地删去。这种糟糕的编辑处理，真不知是依据什么原则，让我对李敖的诘问无话可说。

不过，当时我的审稿也有大意失荆州的时候。1994 年，我把李敖的《蒋介石研究》编选成两册大众读物，题为《蒋介石其人》和《蒋介石其事》。在后一本里，收入了《蒋介石的“蒙古症”——从断送到保送》一文。此文所讲的“断送”和“保送”，指的是蒋介石“丢掉蒙古国”的事情。缘于 1945 年 8 月 14 日蒋派当时的外交部部长王世杰与苏联签订《中苏友好同盟条约》，条约中承认了蒙古国独立。

这是一件历史旧案，起因是美、英两国首脑“二战”结束前在雅尔塔会议上为了换取苏联出兵中国东北，背着中国政府答应了苏联要求蒙古国独立的条件，实质是出卖中国主权。事后，蒋政府完全有正当理由拒绝承认美、英、苏三国的秘密协议。何况，在蒋政府与苏联签约之时，苏联的出兵已经既成事实（8 月 9 日苏军进入中国东北）。但是，蒋介石仍然与苏联签下了这一协议，意味着中国从此丧失了相当于 44 个台湾岛面积的领土。作为交换，蒋对苏联提出的条件是，要在条约中写明苏联承认蒋的国民党政府是中国唯一的合法政府，一切援助给予国民党政府。言外之意是蒋介石要打共产党，而苏联不能支持中共。对此，李敖痛斥蒋介石为了反共而卖国。文章还讲到蒋后来承认以放弃蒙古国换取苏联对他的支持，这“实在是一个幼稚的幻想，绝非谋国之道”，在 1952 年召开的国民党“七全四次会议”，曾表示他“对总理，对革命，对国家和人民应该引咎自责”。

李敖所讲的事实，在今天看来，已是尽人皆知，属于现代史方面的基本知识，不少著作对此都有研究和论述，但是在当时，由于一些史料尚未公开，这还是一个讳莫如深的话题。

这两本书出版不久，有一天出版社的陈早春社长把我找去。他皱着眉说：“知道吗，你惹祸了。”我一问，才了解到原来是蒙古国大使馆的官员看到了《蒋介石其事》，对中国外交部提出了抗议，认为我们的出版物在领土主权问题上对他们的国家发表了诋毁性言论。国家新闻出版广电总局要求我们封存所有库存图书，此外还要向蒙古国方面检讨、道歉。

我心里不服，发牢骚说：“这书李敖在台湾早出版了，也没听说蒙古国抗议呀？”

陈社长说：“那大概是因为台湾和蒙古国没

有外交关系吧。”

我知道只有认倒霉了。这检讨自然要由我来做。我挖空心思，搜索枯肠，写了三四页纸，以出版社名义送给外交部，遂了结此事。

这件事我没敢告诉李敖。我知道如果告诉他，他一定暴跳如雷，说不定又搞成一个新的国际事件。

除了这个小插曲以外，那个时期我们和李敖的合作非常愉快。

他的书卖得好，稿费也不少。但是因为当时在银行兑换美元受限制，人民币又无法汇到台湾，所以李敖索性来了一个高姿态，对代理人陈又亮说了六个字：“稿费不出大陆。”于是陈又亮便大模大样地代表李敖处理起稿费来。他用这笔钱资助李敖的大陆朋友看病和出国留学，同时他也没有忘记感谢出版社的员工。每有李敖新书出版，陈又亮都会从稿费中拿出一两千元，让我给大家买些烟酒食品。每次都是我拎着大手提包，在出版社编辑部、出版部、发行部、总编室等各个部门办公室门口，说一句“李敖的钱大家花”，然后便发烟发糖。礼品虽然微薄，但是大家都开心极了。

三、“淫威”之下

1996年，我奉调到香港三联书店任职。我走以后，人民文学出版社和李敖的合作也便结束。后来，李敖的全部作品都被转移到友谊出版公司，他们出版了《李敖大全集》。

不过我个人和李敖的交往还在继续。到香港后，我发现当地图书市场上台湾出版物畅行无阻，可是李敖的书却很少有售。一问才知，是供货跟不上，以前卖过的书都断市了。于是我和李敖联系，想出几本他著作的香港版。当然，首先想到的，还是他讨论传统文化的杂文集《传统下的独白》和《独白下的传统》。

李敖很高兴，我寄上合约，他一字不改，签字掷还了。于是我用精美的装帧和设计，精良的印制，很快在香港推出这两本书。

香港地域狭小，人口只有中国内地的1/200，在这里出书，销量十分有限。为了扩大市场，我们委托台湾商务印书馆在台湾代理我们做图书发行。

有一天，我忽然接到台湾商务印书馆总经理的电话。她厉声质问我，你们这一批发货的图书中，是不是有两本李敖的书？

我回答，是的，有什么问题吗？

她说，李敖的书有台湾版本，你们的香港版不能在台湾发行。

我说，这事情我问过李敖，他同意我们在台湾销售。

总经理问，你有文字凭据吗？

这一下我愣住了。的确是个疏忽，我没有把这一条写在合同里。但是我立刻对她说，我可以马上请李敖写授权书给我。

总经理迟疑了一下说："算了吧，我把他的书全部退还给你，你也不必找他授权了。李敖这个人，我们不沾他的边，不惹他的麻烦。万一他骂起人来，我们受不了。所以我们从来不卖他的书，不光是你们三联出的，别人出的，我们也不卖。"

我没想到李敖在她眼里竟是这样的青面獠牙，令人避之唯恐不及，这真让我哭笑不得。

据我所知，李敖与商务印书馆的缘分不浅。他幼时在北京上小学，对他影响最大的一套书，就是商务老板王云五主编的500本一套带插图的《小学生文库》。到台湾以后，因为才华出众，他中学时代曾接受过王云五赠送的亲笔题词。

两本“独白”，香港三联版

20 世纪 60 年代，他声名鹊起之时，恰逢王云五在台湾重新执掌商务印书馆。王极为欣赏李敖的才华，曾有意将其罗致门下，但最终恐其锋芒太露，“不敢用他”。然而李敖并不领这份情。他一辈子和国民党作对，骂国民党就是他的当行本色。因为王云五曾为国民政府高官，所以李敖若是抓住把柄对台湾商务印书馆发难，是绝不会口下留情的。我猜想那位总经理担心的正是这一点。

由于香港版本在台湾不能卖，所以我也没有必要继续在香港出版李敖的书了。于是我与他的合作暂时中止。

转眼到了 2003 年。这年 11 月，我到台北出差，顺便到府上拜访李敖。这是我与他交往十多年后第一次与他会面。

得见真容，我发现他并不是人们议论中的那般凶神恶煞。他是一个亲切而有趣的人，爱说爱动，活力四射，甚至还带着几分孩子气。他个性开朗，聪明异常，思维敏捷，幽默风趣，还很爱开玩笑。我们在一起，无论谈论什么，在他嘴里都能找到笑料，于是谈话气氛总是热烈而欢快。

李敖带我参观他的书房。书房很大，足有一两百平方米，除了中间有几张桌子、沙发和成排的文件柜以外，四周都是书架。李敖是藏书家，收藏了许多珍贵版本图书，从宋元善本到民国珍本，无所不有。他夸口说自己的图书收藏在台北无人能敌。此言我不能确证，但是后来我在北京重新组建生活书店，他闻知此事，立即就找出一本 1935 年生活书店出版的《全国图书总目录》赠我，告诉我，“这本书和我年龄一样大”。我知这是极珍贵的民国版本，存世不多，大陆难寻，连北京三联注重收藏自己历史上的珍稀版本的“韬奋图书馆”也不存此书。此举让我见识了他藏书之博。

他打开文件柜，顺手拿出很多文件夹给我

看。里面收藏着五花八门的东西，从胡适的信到陈水扁的签字都有。我早知他是资料大王。学术研究用得着的资料，无论文件、档案、书信、手稿，他都分门别类收集。他打官司时总能拿出别人意想不到的证据，在法庭上一招致对手于死命，就得益于他平时的资料积累。

我曾亲耳听远景出版社总经理沈登恩先生讲过一个故事。20 世纪 70 年代末，李敖出狱后，沈登恩主动与李敖联系，想出版他的著作，助其“复出”。头两次，李敖闭门不见，到沈三顾茅庐时，他才开门迎客。此时李敖找出一封信，令沈大惊失色：原来这是十几年前沈作为中学生时给李敖写的表达崇拜的信，那时沈是李的粉丝。一个不认识的小孩，写这样一封平常书信，居然被李敖收藏十数载，由此你便可以掂出这位资料大王的分量了。

我环顾他的书房，发现他将四五张写字台

摆放在一起，便问，你要这么多桌子何用？他说，这是他的写作平台。他写书，总要查阅各类资料。他便把不同类型的资料分别摊开在不同的桌面上，写作时，需要查哪类资料，就坐到哪张桌子前，“只换桌子不换人”，他笑说这样可以提高效率。

李敖的书房干净整洁，甚至可以说是一尘不染。我听说他是有洁癖的，见不得室内脏乱。但是他不雇用人，不用秘书，读书、研究、写作之余，他所有的事情都自己做，从整理庞杂的资料归档保存，到几十万本藏书分类保管，一直到打扫卫生做清洁，都独力完成。我真不知他怎么会有这么旺盛的精力。

我们坐下谈天，当然还是从出版他的书谈起。他递给我一本新近出版的长篇小说《上山·上山·爱》，这是他写台湾“革命者”爱情的作品，内中有他自己恋爱经历的影子。我在香港早看到这本书，因为其中有大量两性关系的描写，我知

李敖的书房

此书在大陆难以出版。但李敖不甘心，他说自己的书并非黄色。他翻开扉页给我看，只见那上面写着“清者阅之以成圣，浊者见之以为淫”，想来是要表达清者自清之意。他希望我帮忙将此书推荐给人民文学出版社。我当场答应下来，但后来我尝试做了，并不成功，因为要删减的内容太多，我和出版社都担心无法征得李敖的同意。

那天谈得最多的还是我和他的合作。他问我香港三联的书为什么在台湾买不到，我说我们的书在台湾因为代理发行不力，销量很小。他问，那你们为何不在台湾开一间出版社？我说其实很想，但做不到，因为我们香港三联是中资企业，中资在台湾被视为“陆资”（即大陆资金），那是绝对不被准许进入台湾投资的。

李敖听了我的苦衷，立刻拍胸脯，豪爽劲儿上来了。他说：“别管他，这事我帮你解决。你投资 300 万到 500 万到我这里，聘请我担任三联书店（台湾）有限公司总经理，我雇几个人帮你们打理图书出版。我倒想看看他们能把我怎么样。我给你当这个总经理，你在台湾一下就站住了，而且名声就打响了。你信不信？他们肯定奈何不了我。”

他眉飞色舞地说：“谁敢来查我的资金来源？谁敢来告我？现在整个台湾，都没有人敢跟我辩论，更没有人敢跟我打官司。我在台湾，专做别人不敢做的事。比如，台湾只有我敢谈‘一国两制’，别人一谈就被说是中共同路人，都怕了，可是我讲就没有事。所以，你和我合作，可以无忧。”

这话我信。我从台湾商务总经理对他的态度，已经可以窥出一斑。后来我读到的李敖自传，更加证实了这一点。

自传里说的就是上面提到的小说《上山·上山·爱》，出版后登上畅销书排行榜第一名。台北也有“扫黄打非”，依据的是《租售出版品自治条例》。审查此书时，一位市议员复印了此书的几段色情描写，遮住书名，拿给市政府新闻处长看，询问这是否色情淫秽之书。处长答曰“当然”。继而市议员亮出底牌，说这是李敖写的。处长顿时慌乱无措，连忙改口说：“你可不要害我，我从没有说过李敖的书色情。”由此，人们领教了李敖的“淫威”。

话虽这么说，但是要实现在台湾投资则难乎其难，而且中资的调用，绝非我能做主。所以此事只是说说而已，最终并未实施。

2010 年 11 月，在孙立人故居修缮典礼上演讲（赖岳忠摄影）

2014 年 7 月，李敖到香港书展为李戡出版的新书站台（赖岳忠摄影）

2005 年，李敖为复旦大学题词："天不生仲尼，万古如长夜；天又生我们，长夜才复旦。"

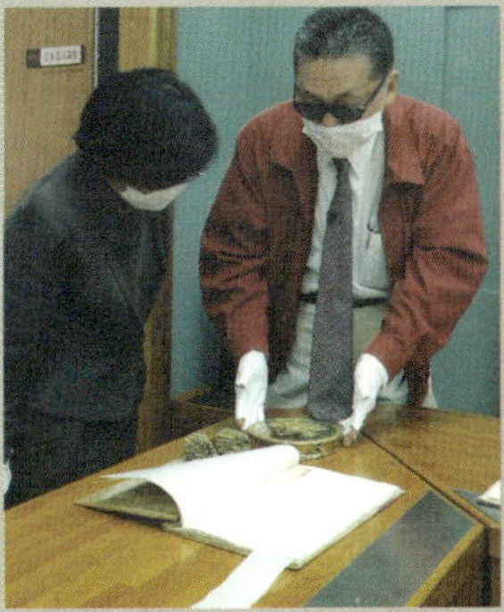

李敖在台北"故宫博物院"看中英《南京条约》原件（赖岳忠摄影）

李敖在香港书展发表演讲（赖岳忠摄影）

李敖在文星书店旧址

李敖腰间的三件宝：瑞士刀、相机和高压电枪

2011 年在香港书展与林青霞会面

中篇　是是非非说李敖

四、“名誉不好”的缘由

李敖自己说，他在中国大陆名誉不好。

我觉得，他至少是个争议很大的人物，批他骂他的人不少。对他的指责，主要集中在三个方面：一是说他好吹牛，自大、自恋；二是说他好色，老不正经；三是从人格上否定他，说他伪善，他所奉行的自由主义是假的。

的确，他是一介狂士，很有些目中无人，舍我其谁。他吹起牛来，可谓“千古独步”。他那段讲自己包揽五百年来写白话文前三名的吹牛文字，曾受到众人非议和诟病。

人们说，你李敖也太不自量力了吧，不怕把天吹破吗？其实，这话连李敖自己也并不相信，他不过是用极度夸张的语言来过一把广告的瘾，他后来解释说：

“为什么我要写这么狂妄的话啊？因为它是

我的广告词。一般人写广告词，会写什么‘李敖的文章最好，请大家人手一册来买’，我李敖不这样说，我先摆出来前三名，谁呢？第一名李敖，第二名李敖，第三名李敖，李敖、李敖、李敖，前三名我包办了，第四名才是你们……这样子的表达，你可以骂我，你可以恨我，可是你忘不掉，因为这个文字太有力量了——所以吹牛要这么吹，有技巧在里面！”

原来他是在玩技巧，让你因此把他记住，至少对他产生好奇。

当然，客观地说，他的白话文的确写得很棒，所以他的吹牛并不露怯。人们的质疑，只是说他不能自称天下第一，却没有人说他的白话文不好。这表明他的大话还有几分依据，不是纯粹胡说。

从李敖的角度考虑，他的张狂有合乎逻辑的成分。当年他从台湾国民党控制的舆论环境下突出重围，没有这股子狂劲儿是做不到的。他的狂，曾经也是被欣赏、被仰慕的。影星胡因梦嫁给他，爱的就是他的特立独行。但是后来，他屡屡被当局打压和排斥，人被关，书被禁，舆论被封杀，他渐渐落到自己不说狠话，别人便不理不睬的境地。他必须发表些振聋发聩的言论，才能引起社会关注。久而久之，以狂傲不羁的态度做惊人之语，渐渐成了他的语言风格。

社会对他，确有不公正。有一次他曾经对我说过，台湾一位知名文化人，编排了一个在台湾最有影响力的人物排行榜，是一份有两百人的名单，这里面居然没有李敖！文化界对他的忽视使他无法容忍，他不甘于被埋没，总要设法使自己浮现出来。所以他的吹牛，在某种意义上，只是为了保持自己的社会影响力的一种手段。

不过据我所知，他还是有自知之明的。尽管他有时给人的印象是“忘了我是谁”的自大狂，但在内心里，他明白自己重几斤几两。20世纪

80 年代坐监牢，同牢的犯人见了他，一个个奔走相告，说快看“胡因梦的丈夫”，于是他知道“这名女人的确比我这名男人有名得多”；他夫人王小屯为学习中文，查阅台湾地区的作家作品名录，发现900页的大书，竟然没有提到他的名字，而胡因梦却在其中占有一页。获知此事，他便感慨“李敖之为无名小辈，可想而知矣”。这些都是他平时用以自嘲的笑料，他从来也没有把自己那些吹牛的东西当真。所以，当有人提名他以《北京法源寺》参加诺贝尔文学奖竞争，他表面上很受用，但实际上根本没有在意。他的狂，他的张扬，他的高调，不过是推销自己的一种策略，那是专门做给别人看的。

说到他的好色，这也尽人皆知。李敖从年轻时代就喜欢看漂亮女人，尤为欣赏《花花公子》的女人照片。我到他的家，总能看到墙上贴着裸女画，书房里有，过道里有，卫生间里还有。

李敖曾在自己的微博里写道：“十多年前，莫文蔚送裸照给我，我欣赏她的裸照，也欣赏放浪形骸。几年前，莫文蔚重拾旧欢，跟失散多年的老情人结婚了。她约我去听她的演唱会，记者围住我，要我发表感想。我说：‘莫文蔚很伟大，她敢用过去追求未来。’世上多少理想主义者，他们都追求失败了，相形之下，莫文蔚更伟大了！”这段微博引发网友热议,有人评论说“羡慕嫉妒恨”，还有起哄的网友用激将法希望李敖公布照片：“我说老李，无图无真相啊。”

照片自然是不便公布，但我可以算是一个见证人。2003 年，我曾看到李敖的书房里，沙发对着的一面墙上，挂着这幅照片，大约两米长，镶嵌在镜框里。莫文蔚的形象几乎与真人一般大小，她裸身趴在地毯上，侧脸对着镜头微笑。此照题为《全身莫文蔚》，照片上有“送给李敖大哥”字样和莫文蔚的签名。

但是李敖这样欣赏裸女，他的夫人和女儿却都不介意，相信是见惯不惊，也是尊重他的情趣。他女儿李文在一次接受采访时说："人无完人，父亲李敖也是如此。他是一个老顽童，喜欢看美女，喜欢就喜欢吧，反正他是一个没有什么乐趣的人。"

除了爱看，他也广交女友。他先后谈过恋爱的女友不知凡几，反正他在自己的著作中提及的就有多位。但不知大家是否注意到，李敖交女友之时，自己都不在婚姻里，属于"单身贵族"，他的行为并不受法律和道德的约束。他通常只交年轻未婚女友，而且每次都很专情，从没有"脚踩两只船"。即使在婚前，他一般也不会和有夫之妇发生两性关系，特别是他讲究"朋友妻，不可欺"。所以柏杨怀疑李敖在其坐牢期间对其妻有过不轨行为，那根本是无稽之谈。

其实李敖在两性关系方面自有严肃的一面。

例如彭明敏在成为“台独之父”前曾与李敖是朋友，但李敖就极其鄙夷彭作为有妇之夫诱骗女学生上床，说他“这样乱来，自与形象不和”，“胡来与伪善，直到今天犹得欺世盗名”。他自己对待婚姻，也是负责任的。曾有两任女友未能与他结婚，都是因为他要坐牢，这也是不得已的事。他一共结过两次婚，前一次与胡因梦，历时 3 个月零 22 天；后一次和王小屯，结婚 20 多年，但相爱已 32 年。两次都是你情我愿，特别是后一次，他在公交车站认识王小屯，那时小屯只有 19 岁。当小屯的母亲知道李敖的年龄比自己还要大两岁的时候，死活都不同意这件婚事。但是小屯说：“你们不同意，我就当尼姑。”于是父母只能批准这段婚姻。他们婚后生活美满，育有一子一女。

从这些情况可知，李敖好色，并不等于乱性。好色而不淫，不失为君子。须知男人喜爱美女本是天性，爱看《花花公子》的男人也绝不在少数。

只不过别人往往暗地里偷窥，只有李敖大模大样公开欣赏，欣赏完还满世界嚷嚷。他的性观念开放，而隐私观念更与一般人不同，自己风流浪漫的故事，别人讳莫如深，他却口无遮拦，这便给他招来好色的恶名。

至于有人抨击他“伪善”，证据是他作为自由主义知识分子，失去客观立场。说他敢于痛骂国民党，却不敢批评中共。连同他发表的爱国言论，都被认为是献媚的表现，至少是一种示弱。我以为讲这种话的人，实在是一点也不了解李敖。首先，李敖看到中国大陆政策的一些弊端，特别是对台政策，批评原本不少；其次，李敖对大陆蔓延的腐败现象，揭露批评，也并不留情；最后，李敖对国民党的批判，来自他一生积累的认识。他从年幼时在北京就已经对这个党有了痛切的了解，对它失望和反感至极，故长期与之作对。他在台湾“戡乱戒严”时期反对国民党，是冒着杀头和坐牢的风险的，他也曾两次因此进过监狱。对他来说，于今批评中共，并没有这种风险，从逻辑上讲，他没理由向中共示弱。他较少批评中共，不是敢不敢的问题，而是愿不愿的问题，或者是有没有需要和必要的问题。当然，这也和他身在台湾，对中国大陆的了解远远不及对台湾的了解深入有关。

我不否认李敖的姿态也显示了他的思想倾向。在台湾，李敖无疑是左派。早在中学时代，他就接受身为共产党员的严侨老师的影响，曾梦想回到大陆，在共产党领导下参加重建中国的运动。他说："我庆幸在我一生中，能够亲炙到这么一位狂飙运动下的悲剧人物，使我在人格形成中，得以有那种大陆性的脉搏，那种左翼的狂热，那种宗教性的情怀与牺牲。"后来他又在胡适和殷海光影响下，以自由主义者的姿态，反传统，反专制，反权威，成为一位狂飙突进的猛士。需要说明的是，不论在什么情况下，无论以什么姿态出现，李敖始终是个爱国者，他对祖国大陆总是怀有深厚的感情，这一条，几十年来没有变过。他说："我在台湾不是蓝色，也不是绿色，是红色，我不掩饰这一点，就像西班牙的大画家毕加索一样。"他在台湾不惧舆论压力，不怕和共产党沾边，这恰恰显示了他的过人的勇气。同时，他在自己的著作中，公开强调对共产党要"公道""要敢于看到共产党的正面"，这也是空谷足音。从这些，你可以发现，李敖的政治取向并不是向什么势力屈服，而是他的一种主动选择。

这使我想起一个细节。

2013年我去访问他，他同我谈起他的新著《大江大海骗了你》。在这本书中，他痛批龙应台的《大江大海一九四九》显示的人道主义立场是假，而采取国民党的反共立场是真。但此书在中国大陆一直无人出版，原因是龙应台的作品也没有出。

李敖十分委屈地向我抱怨此事，说："我是在帮助你们说话呀！你们为什么不出我的书？"他说话时，眼里闪烁着晶莹的泪光。在那一刻，我被他感动，因为我看到了他的真诚。

五、两场众说纷纭的官司

对李敖杀伤力最大的恶评，与他的两次坐牢有关。有人不做辨析和考证，仅凭片面资料，便撰文著书，揭露李敖撒谎，说李并非因为反对专制的国民党坐牢，他前后两次入狱，一次是因为参与"台独"活动，另一次是因为忘恩负义，侵吞了有恩于他的老友萧孟能的资产。如此呈现李敖的"真面目"，使他的形象变得极为龌龊不堪，但这实在是冤枉了李敖。

如果从台湾法院的判词来看，他确实是背上了上述两项罪名。然而这正是法院欲加之罪，以莫须有的罪证判决的结果。据我了解，无论使用什么罪名，李敖两次入狱，都是被国民党当局借机囚禁封杀，这原本是事实。

李敖第一次坐牢，是在1971年3月。“台独”分子彭明敏叛逃到瑞典，因为李敖曾为他传递过信件，被认为是协助彭叛逃，所以被捕获刑。法院判决刑期，初判10年，改判8年零6个月，但他实际坐牢时间是5年零8个月，至1976年11月出狱。

这是一个大冤案。用流行的词语来说，李敖是被彭明敏“涮”了。彭搞“台独”，李敖并不知情。所代转的信件，他都没有看过，全不知其中内容。他与彭交好，只是因为彭与他一样向往民主自由，反对国民党专制。那一时期，彭和自己的几个弟子起草了《台湾人民自救运动宣言》，凡45条，除了一两条中有“建设新国家”和“要求加入联合国”字样，算是涉嫌“台独”以外，主要内容是讲自由民主问题，并没有明确的“台独”主张。李敖对彭为台湾民众争民主、争人权是欣赏的，故而在一个时期里为彭提供支持和帮助，这样做，其性质自然是反对当局。正是因此，在当时李和彭同为国民党的眼中钉，是当局必欲置其死地而后快的人物。但即使如此，李敖也未曾参与《宣言》撰写，甚至完全不了解此事，只是因为这个白话文的《宣言》文笔太好，当局认为台湾本地人写不出来，所以怀疑是李敖代笔，把李审了又审。令李敖没有想到的是，正是彭明敏和自己的几个弟子向当局提供了伪证，诬指他加入“台独”组织，谓其“台湾本部委员”，致使国民党当局乘机“顺理成章”地把他送进监牢。

时隔 19 年，彭明敏准备返回台湾之前，才公开接受电视采访，宣布李敖并非“台独”分子，算是给李平了反。后来他出版回忆录《自由的滋味》，在序言中称李敖是他的“极少数极少数例外的朋友之一”。他说：

“我案发后，李敖不但不畏怯，反而倍加亲切。我知道他不赞成‘台湾独立’，也不支持‘台人自决’。他所以反对国民党，不是出于狭窄的政治利益，而是发自历史和文化的深厚哲学，也是出于对民主自由的信念和人权人道的大精神。他的思索是广泛、深刻、清晰、严密而良知的。”

因此，他以当事人的身份指出，李敖以“台独”的“怪名被捕，天下岂有比之更荒唐事”！如此，终于真相大白。

其实，这件事本来用不着澄清。凡是对李敖有一点了解的人，都不至于把他误会为“台独”分子。因为他的一贯表现，不仅“反独”，而且恰恰相反，他是旗帜鲜明的“统派”，这在台湾政界和文化界无人不晓。为了反对“台独”，2000年，他甚至可以放弃自己一生尊崇的“第一流的知识分子只影响政治而不参与政治”的信条，“晚节不保”地前去竞选“总统”。但是他同时说明，他竞选的只是“中国台湾地区领导人”，从而表达了拥护“一国两制”的立场。他是参选人中唯一做这种声明的人。他在台湾不承认“中华民国”的正统地位，认为这个“国家”已经在 1949 年被中华人民共和国取代了。这种认识，几十年来他一直坚持。

我不禁想起一件小事。1980 年，李敖与胡因梦经历短暂婚姻后离婚。那天在家里，胡因梦当着李敖的面，用一般的离婚套语写下一式两份《离婚协议书》。第一张写毕，落款处用的是“中华民国”多少年。李敖一看便说：“我是不奉中华民国正朔的，这张你留着，另一张写公元的，我要那一张。”

这便是李敖在每一个细节上都要坚守的立场。因为在他的心目中，中国的正统地位在祖国大陆。这种立场决定了他和当时专制的国民党及其政府不懈抗争的决绝态度。他总是受国民党打压，盖源于此，坐监牢便是他付出的代价之一。

至于李敖的第二次入狱，是在1981年8月至1982年2月，前后一共6个月。

这件官司，起因是多年的老友萧孟能起诉李敖背信侵占财产。萧控告说，1980年，因为自己要出境，授权李敖代他保管一批财产，包括一些字画文物，也有一些房产，总共价值台币2000万元。三个半月后他归来，却发现财产均被李敖侵占，萧多次索要，李拒绝归还，于是萧只能诉诸法庭。

但是李敖辩称，萧完全是诬告。这些财产他没有还给萧，有两个原因：第一，是因为萧与新女友王剑芬同居后，抛弃了与他同甘共苦40年的发妻朱婉坚，不但拒绝将一部分财产分配给朱，而且把一些债务挂在朱身上。李敖和萧孟能、朱婉坚60年代曾共同创业，打造“文星”品牌，被称为“文星三剑客”。李敖不忍朱婉坚被欺负，便打抱不平，代萧将一处房产拍卖，然后将资产转移给朱，并将萧的另一处房产迂回转移到朱名下。所有这些房产，李敖并非自己侵吞，自然无可归还。第二，那些字画文物，原本不是交给李敖保管，而是拿给李敖抵债的，自然不该归还。

官司很明白，连萧孟能的律师都认为，自己这一方根本没有胜算。一审判决当然是李敖胜诉。但是萧毕竟是国民党的“太子党”，其父萧同兹曾任国民党“中央通讯社”社长，他在台湾当局有深厚的背景。加之此时正值台湾的“《美丽岛》事件”发生不久，“党外”运动风起云涌，国民党当局的政治神经非常紧张。他们了解到李敖刚刚取得了《千秋评论》杂志的执照，担心李的杂志会给“党外”运动呼风唤雨，于是紧急派人介入案件，意在借机封杀李敖。于是二审时，案子被翻过来，法官闭着眼睛宣判李敖有罪。尽管李

花心总理为何能赢得人心 / 去西班牙淘金 / 杨宪益 最后的士大夫 / 拍摄毛泽东塑像第一人
南方
人物周刊
台北专访
李敖
笔伐口诛六十年
当世奇人 再论天下美女人生
ISSN 1672-8335

《南方人物周刊》封面

敖拿出萧孟能亲笔签名的字据，证明那些“字画、书籍、古董及家具等……均系本人转移与李先生以抵偿对其所欠之债务者，应该属李先生所有”，法官仍然判决李敖侵吞他人财产，入狱6个月。

李敖当然不会白吃这个亏，他自称“文化基度山”“社会罗宾汉”，有仇必报。出狱后当天他就召开记者会，宣布“天下没有白坐的黑牢”。他一次次地搜集证据，状告萧孟能。说来也巧，这时萧孟能失去了政治靠山，法官可以依法判决，于是1988年台湾地区“最高法院”撤销了有关李敖侵吞他人资产的“二审判决”，为李平反。在此前后，李敖告萧孟能也有结果，萧两次被判入狱。第一次坐牢50天，第二次坐了4个月。李敖屈指一算，发现萧比自己还是少坐了10天牢，于是再告，发誓非要“扯平”不可。就在1987年法院即将判决萧第三次入狱前夕，萧仓皇逃亡境外，成为通缉犯，从此长期滞留美国，此生没敢再回台湾。最后萧于2004年客死于上海。

案件事实如此清楚，按理说李敖不该再被误解，但是偏偏有人依据错误的二审判决，著书撰文，非将污水泼在李敖头上不可。那作者显然是听取了萧孟能临死前的一番幽怨的陈述，便根据一面之词大做文章。这大概因为李敖是文化名人，而今天的时代，炒作名人丑闻可以吸引大众眼球吧。可是报道和评论需要依据基本事实，不能颠倒黑白，这是起码的要求。我有些纳闷，作者在动笔之前，为何不肯听听李敖自己的解释和说明？如果采访不便，至少可以看看李敖的文章，因为李为澄清此案撰文不止一次。如果怀疑李敖自己的辩解是文过饰非，那么至少法院判萧孟能以诬陷李敖获罪，总是可以说明一点问题吧？而且，若是李敖真的侵占了萧孟能2000万的资产，为什么法院没有判处李敖退还一分钱？萧是为钱打官司，如果他不是傻子，他会只要李敖坐牢而不去追回自己的钱吗？

这让我想起2013年李敖控告著名历史学家许倬云诽谤的案子。许2010年在中国大陆出版《许倬云谈话录》，内中涉及对于李敖的一些负面评价，例如说李是“打手”“说谎、偷书变卖”“背叛朋友”等。所讲的“背叛朋友”指的就是这样一段话：

萧孟能先生出国，把保险箱钥匙交给李敖，李敖把萧孟能的画都拿走了……萧孟能捧李敖出来，信任他，当他是朋友，他把朋友家里的字画偷掉。李敖对不起萧孟能。

对此，李敖拍案而起，他在台北地方法院起诉了许倬云。他拿出大量证据，证明许对他构成诽谤。但许却拿不出任何证据，证明自己所言属实。

正巧，2013年12月初，我到台北李敖家中拜访。谈到打官司一事，李敖面露喜色，从写字台上拿起一张报纸递给我。那是前一两天的台北《苹果日报》。报纸上登载着台北地方法院对于李敖诉许倬云诽谤案的初审判决：许倬云败诉，为了补偿李敖的精神损失，须赔偿李敖台币200万元，且须登报向李敖道歉。

此案宣判距今已逾两年。后来我在电话里问过李敖："许倬云上诉了吗？"

李敖说："没有，他赔钱认输了。"

我想，这个判决对于李敖和萧孟能的关系也是一个佐证吧。

六、侠肝义胆的"善霸"

一些人炒作李敖"侵吞他人资产"，说他为了萧孟能2000万台币的资产，就变成了一个背信弃义、贪财重利的小人，这恐怕是太小看李敖了。他们真应该关心一下时事新闻，了解一下李款是怎样慷慨捐献3300万台币给当年的日军慰安妇的。

这是一件轰动海内外的大事，两岸媒体曾广为报道。事情的原委是这样的：

20世纪90年代，日军慰安妇问题被揭露出来，日本政府为了争取在联合国“入常”，需要设法了断此事。他们便指使民间成立“亚洲女性基金会”，负责向第二次世界大战期间日军占领区的慰安妇支付赔偿金，赔偿标准若折合台币，大约是每人50万。这种做法，试图以民间赔偿代替政府赔偿，从而免除政府罪责；赔偿前要求领取者签字，声明自己做慰安妇是自愿的，其用意之险恶，不言自明。1997年，这个基金会到台湾地区寻找赔偿对象，遭到了大多数慰安妇的反对。那些曾经饱受屈辱的老人，觉得自己不能为了金钱而舍弃正义，失去尊严。然而，这些当年的慰安妇，如今都已是风烛残年的老婆婆，经济上很需要支持，这笔钱对她们改善晚年生活，其实是相当重要的，而且她们获得赔偿实属应该。若是让她们为了正义的事业而继续独自承担生活的痛苦，显然对她们不公平。这时，一向豪侠仗义的李敖感到于心不忍，他站出来，“资助穷困潦倒的老阿妈们能向日本人说不”！

1997年8月，李敖拿出了自己多年收藏的100件艺术品，在台北中山纪念馆举办了“珍藏品义卖会”，一时间吸引了众多买家前来共襄盛举，其中包括一些政界要人，连宋楚瑜和马英九也都到场。不过需要说明的是，李敖虽然好收藏，但他并不是艺术品收藏家，这次义卖，他几乎是倾囊而出。拍卖品中固然有于右任的墨宝、胡适赠送李敖的条幅、张大千和黄永玉的画作等珍贵文物，但有些拍品，李敖是为了凑足品种而割爱奉献的。例如其父留给他的一支Sheaffer · Jr Balance钢笔，便让他在感情上十分难以割舍，因为这笔在他家里已有80年，有如传家宝。据李敖后来所写的回忆录透露，为了找回这份宝贵的记忆，他甚至在此次拍卖多年之后又特意购买一支同品牌同款式的仿古钢笔，放在案头，睹物思人。由此便可证明李敖此次义卖之“义”。

在众多爱国人士支持下，这次拍卖场面火爆，所有李敖藏品尽数拍出，总共筹款3300万台币。李敖给50多位当年的慰安妇每人发放50万元。那些老婆婆拿到钱，都笑了，也都哭了。

我以为，这件事实实在在地显示了李敖“替天行道”的“善霸”的性格。世上比李敖有钱的人不少，但没有谁像他这样霸气外露，舍我其谁。李敖自己说，他不是慈善家，更不是基督徒。做这件事，他不是出于博爱精神，而是出于对日本侵略者的憎恨。他是亲眼看到日军铁蹄践踏中国土地的历史见证人，不能容忍日本政府巧使手段，规避正式的道歉和赔偿的责任。所以他在慰安妇问题上，一再见义勇为。2005 年，台湾“立委”高金素梅赴美国和联合国揭露日军使用慰安妇罪行，行前开记者会，李敖特地赶到现场，又捐赠 100 万台币，为高壮行。他的这些义举，以我们中国大陆的标准，也够得上“感动中国”人物了。

联系其人生经历，可以知道，李敖的“抗日”之举固然是出于他的正义感和爱国心，但也和他侠肝义胆、乐于助人的性格有关。

在台湾，受到过李敖帮助的人，实在太多了。他人有难，李敖慷慨解囊、倾力相助的事例不少。

早在 1953 年，他的恩师严侨被国民党抓捕，留下严师母带着三个幼小的孩子，没有经济来源，生活无着。李敖当时只是高中学生，也没有收入，家里又穷，但是他仍然要接济师母。他每天不吃早饭，把父亲给的早餐费存下，拿给师母，此事曾遭到父亲的训斥，因为在国民党的苛政之下，资助“匪谍”的家人，也是十分危险的事。

2003 年，李昕为李敖摄于书房

后来严师母无奈去投奔严侨的妹夫辜振甫。辜是大型企业的老板，属台湾巨富，却绝情地将严师母一家四口逐出门外。迫使严师母只得将三个小孩分别送到孤儿院或给人寄养，自己去给外国人做保姆。此事李敖看在眼里，气在心头。多年以后，他抓住了辜振甫上市公司股权运作中的一项违规操作，致函辜振甫和上市公司董事，扬言要打官司。辜振甫自知理亏，为息事宁人，私下向李敖“谢罪并赔偿”。李敖拿到钱后，第一件事，就是找来严师母，当场交给她 10 万元的支票，告诉她，这是那个当年给你吃闭门羹的人的钱，我李敖今天替你出了气。严师母顿时泪下。

李敖对于他尊为师长的人，从来是情深义重的。台大教授殷海光没有教过他，但是因为思想投缘，与他交往很多，情分在师友之间。20 世纪 60 年代，《自由中国》案发生以后，殷海光受到国民党政府打压，他的朋友和学生大多对他敬而远之。唯独李敖，始终在他左右，给他以热情帮助，为他仗义执言，为他出书，为他争取美国的学术资助等等。特别是 1976 年春天，李敖发现殷海光气色很差，怀疑他胃部有大病，劝他去医院就诊。可是殷海光讳疾忌医，死不肯去。李敖于是采取硬逼的办法，替殷海光挂上了最高级的贵族医院的门诊号，预约了台湾最好的消化科医生，对殷说 :“你治病的一切费用，由我承担。”然后强行将他带到医生面前做检查。结果当场确诊，殷海光患了胃癌。医生说，如果晚来几个月，人就没了。殷海光知情后，感谢李敖“以强者对强者的态度”处理此事，而殷师母则对人说，“李敖救了殷老师一命”。

不仅对师长，而且对朋友，李敖总是有情有义，知恩图报。知名报人高信疆过去在李困难之时对他有恩，特别是李敖 1979 年以《独白下的传统》复出，当时在“《中国时报》”任职的高信疆不顾风险，在该报以整版篇幅宣传此书，令李敖不胜感激。此人后来到香港和大陆发展，我与他也有些来往，深知这是一个能人，也是一个好人。但是命运不济，他早早患了癌症，而这病就像殷海光的病一样，也是被李敖逼着查出来的。2001年，李敖见高信疆脸色有异，便不由分说送高去医院检查，当场掏出10万元交给医院作为诊治费用，要求医院将他“收押”，勿使逃离。因为医治无效，高不幸去世后，李敖又出资60万元，在阳明山基督教墓园为他购买墓地。此事令高和李的朋友都非常感慨。香港作家马家辉说：

> 金钱并非代表一切，但如此这般一而再地二话不说为朋友出钱出力，在金钱的背后，不能不说是有着一股热血与一身侠骨。李敖之狂狷，世人知之久矣，但其侠其勇，却常被世人或有意无意地忽视淡化，是谓不公不义。

其实在我看来，李敖的侠义，还不只是被“忽视淡化”，更有甚者，是被混淆是非。拿他和萧孟能的官司来说，他惹上这官司，被萧诬陷侵吞财产，只是因为他要侠义相助萧的原配夫人朱婉坚。此案的关键在萧负于李，使李敖因助人而蒙冤坐了6个月的黑牢。李敖为了报复萧孟能，便发誓非要萧也坐上6个月牢不可。有人批评李敖再三状告萧孟能，未免对老友下手太狠。但我以为李敖其实没有过分,他只是要把两人遭的罪“扯平”而已。

两人最后一次见面，是李第三次控告萧开庭之日，这时李比萧多坐了10天牢。两人在法庭上，李敖拍拍萧孟能的肩膀说：“你还欠我10天，等我第三次要你坐了牢，10天还我，就扯平了。你死了，我们朋友一场，我会买个金棺材送你。”说得萧孟能哭笑不得。

这当然是玩笑话，但玩笑中或有真意。毕竟，“文星”时代，他们是患难之交，是志同道合的知己。李敖能为高信疆买墓地，能为朱婉坚坐牢，谁说他就不会为萧孟能买棺材呢？

七、真假李敖

李敖的声誉被贬损，有时并非他本人的言行引起。

很多人不喜欢李敖，是因为读他的真文章不多，却受了一些假文章的影响。

李敖被冤枉，首先不在于他的著作被曲解，而在于他的名字被盗用。

他实在太有名了，人怕出名猪怕壮。现今的中国，凡名人都可能遇到自己的姓名被他人用来做文章的尴尬。但是以我的观察，此况似以李敖为甚。

在百度里随便一搜李敖的名字，立即可以搜出 30 多万个条目，其中包含了若干有关李敖的报道，也有大量李敖名下的文章，光是署名李敖的博客，就有三四个。就博客来说，有的是粉丝开设的，选载了李敖已出版的部分著作；有的则不知何人所设，文章便有真有伪。至于互联网上和微信里猛炒的一些李敖热文，更是十之八九均系伪作。所谓伪作，大致分为两类，一是无中生有、凭空捏造的托伪之文，二是将李敖原有言论添枝加叶、任意发挥，变为挂羊头卖狗肉的假货。两类文章均以李敖之名行世，也算是一种欺世盗名，然而为李敖盗来的大抵是恶名。因为那些作伪的人，不过是想借李敖的嘴，说一些他们自己想说的骂人的话而已。

其实一般网友根本不知，李敖不可能写出这样的网文。他至今还是个电脑盲，对于电子设备，他一向是敬而远之的，不会打字写作，不上网，不使用电邮，连手机都不用，与人传递文件只用传真机。他的学问虽然贯通古今，中西合璧，但是他的生活方式，却是倾向于传统文人。50 年代在台湾读大学时，他便是唯一一个倡西学却身着中式长袍的学生。及至研究生面试，一群教授围着这位才气逼人的考生，面面相觑之后，主考人只提了一个问题，“今后还穿长袍吗”，于是众人一笑，考试结束。此事曾在台湾大学传为佳话。他这种旧式书生的做派，使他和网络隔绝，非但不懂得如何将自己的著作拿到网上发表，甚至都不了解，大陆有一些人在一天到晚恶炒他。倒是他的儿子李戡觉得他不该如此落伍，为他买了一个 iPad，然后替他注册了微博。于是他从 2011 年起有了一个名为“哈啰李敖”的微博，每天 140 个字，全靠手写输入。几年后，积累粉丝一千万。后来他将微博短文编选成书，题名为《虽千万人，李敖往矣》，算是他本人与互联网缘分的唯一证明。

他儿子李戡对我说，只有这个实名“哈啰李敖”的新浪微博中的短文，他可以全部认定是其

李敖著作《虽千万人，李敖往矣》

父所写。其他网页里的李敖作品，鱼龙混杂，真假莫辨，连他也无从判断。唯一办法，大概是要拿正式出版物去核对吧。

然而可悲的是，今天网上读者们对于李敖的议论，却常常依据那些托伪之作。例如前几年有李敖称颂已故中共领袖的文章在网上疯传，近来又有李敖热烈赞美当今中国领导人的网文被一再刷屏。读过李敖著作的读者，应能一眼看破这些文章的伪劣，因为那种类似某报社论的语言绝非李敖文风。但是众多网友仍然围绕所谓李敖的观点争论得不亦乐乎。在今天这个社会思想严重分化和对立的时代，以李敖的名义挑起的话题，影响力自不待言。然而，无论大家议论什么，其实是与李敖无关的，真真可谓无的放矢。

民间对李敖的议论，影响到文坛，名人也不免加入其中。常有学者、作家对李敖发些没来由的评论。例如王朔在一次接受电视采访时曾谈到李敖和他的历史小说《北京法源寺》，说李敖看重这部作品获得诺贝尔文学奖提名，是一种虚荣的表现，未免没有自知之明。其实李敖怎会愚蠢到这种程度？所谓提名之事，不过是媒体要炒作而已。最近大陆导演田沁鑫将这部小说改编成话剧，上演前媒体大做宣传，其中又有人提到，这是将“李敖获得诺贝尔文学奖提名的小说”搬上舞台。我打电话和李敖闲聊谈起此事，他笑说：“那根本不值一提。世界上任何一所大学的文学教授和语言学教授都有提名资格，瑞典文学院每年都会收到数百个提名。提名并不是一种奖励。”可见他并未以此沾沾自喜。至于改编后的《北京法源寺》上演，反响强烈，很有几分轰动，他也全不在意，因为他已不再把话剧看成自己的作品。他对我说，自从他同意田沁鑫改编之后，就什么都不管了。田如何改，他从未过问，田也从未征求他的意见。改成什么样，他全然不知，只是听说“连慈禧也上台了，结尾的场景中还有毛润之出现”，他苦笑了几声说，“这可不是我的意思了”。

所以，有关话剧《北京法源寺》，观众如何解读，或褒或贬，基本上无关李敖。

由此我想，就连严肃的艺术家改编话剧时都不免借助李敖表达一点自己的理念，那就更不要说那些善于借题发挥的网络写手了。

除了有人喜欢“代李敖撰文”以外，还有人更爱编派李敖的故事。

网上有一则流传甚广的段子，是这样说的：

记者采访李敖，把他和王朔做比较：“你们很像，都爱骂人。”

李敖鄙夷地说：“他能和我比吗？他骂的都是什么人，我骂的都是能让我坐牢的人。”

有人把这话说给王朔听，王朔冷冷一笑说：“我敢骂能让他坐牢的人，他敢骂能让我坐牢的人吗？”

我相信这段子纯属胡诌，李敖和王朔都没有说过类似的话。向李戡求证，果然李戡说他曾向父亲询问此事。李敖反问他："王朔是谁？是不是那个曾经当过文化部部长的作家？"试想，一个连王朔和王蒙都分不清楚的人，怎么可能发此议论？

但段子的作者是别有用心的，扬王抑李的倾向明显。从字面上看，两个名嘴斗智，他让王朔赢了李敖一局，似是噎得李敖无话可说。但是从内容上分析，情况恐怕相反，正是陷王朔于不义。因为问题的关键点在于敢不敢骂能让自己坐牢的人，李敖是敢的，而王朔却至少未能正面回应。至于骂那些不能让自己坐牢的人，原本没有什么敢不敢的问题。犹如去问一个不怕死的人："你怕活着吗？"

我建议这个段子的作者，多读几本李敖的著作。这可以帮助他见识李敖的胆色。李敖在台湾，一向是以天不怕地不怕著称的。反过来怕他的人倒是很多，那是因为李敖一旦与人结怨，就一定要死磕到底，他的对手见此莫不望风披靡。殊不知，敢于争强斗狠，正是李敖的性格，而这性格，还来源于他的家传呢。

李敖的自传里讲过这样一个故事：李的祖父当年闯关东，在东北种田。一次他在田埂上设赌局，自己坐庄，结果赌客中有一人输光了钱，急红了眼，拿刀割下自己大腿上的一块肉，将那鲜血淋漓的肉块拍在赌桌上。这是向庄家叫板，意思是下一局，你若输了，要么大量赔钱，要么同样割肉。李敖的祖父不吃这一套，他没等重新开局，就先在自己大腿上也割下一块肉，说："如果我赢，这块肉算白送你的。"然后面不改色，接着打牌。我以为，祖父这种"光棍儿"精神，在李敖身上是有真传的。当年在国民党以"戒严"名义狂捕滥杀的时期，他抨击时政，甘冒触犯《惩治叛乱条例》第七条（该条文规定："以文字、图书、演说，为有利于叛徒之宣传者，处七年以上有期徒刑。"）的风险，出版大量图书，可谓屡出屡禁，屡禁屡出。他的反抗如同以卵击石，可是他仍然横下一条心冲决罗网，这里所显示出的决绝态度，和他祖父颇有几分神似。

然而我同时也觉得，人的胆量大小，本不需要用骂人来证明，否则何来气度和涵养？李敖好骂人不假，但他并不是随意骂人。有些人他不想骂，有些人他没兴趣骂，还有些人他认为不值得骂。

例如对那些在网上中伤、诽谤、构陷他的人，对那些造谣惑众侵犯他的名誉权和著作权的人，他至今未置一词。他既不打假，也未维权，更不要说为自己辩驳。他甚至都没有在网上做过辟谣的声明。他的确很忙，没有那么多精力关注这些烂事，于是采取了万事由他去的态度。对那些出版了专著或发表署名文章以不实之词伤害过他的

李敖和李戡在西湖边

人，到目前为止他的反应，似乎也是听之任之。

我感到有些好奇，因为许倬云损害他的名誉权，他曾经穷追猛打，不依不饶。于是我在电话里问他：“你为何对大陆的同样情况网开一面？”

李敖哈哈大笑起来，说：“他们太瘦小了，经不起我打呀。”

我说：“你没有想过要杀一儆百吗？”

他说：“你知道吗，猫是抓老鼠的，不抓蟑螂。”

这话，逗得我忍俊不禁。

2005 年 9 月李敖第一次回到阔别 57 年的大陆

李敖与李戡一起在天安门城楼上

李敖在北京大学演讲

李敖北大演讲会场

李敖与北京故宫博物院前院长郑欣淼

李敖在北京故宫看《韩熙载夜宴图》

李敖在上海机场

李敖在复旦大学

下篇　出版背后的故事

八、“他妈的”是粗话吗？

现在要专门说说李戡了。

1992年年初，李敖与王小屯在恋爱9年之后结婚。当年秋天，他们生下一个男孩，李敖给他取名李戡。这个名字，来自国民党的熟词“戡乱”。“戡乱”原本是“镇压共产党”之意。李敖用“戡”为儿取名，乃是反其意而用之，他希望子承父志，“戡”台湾当局所制造的乱象。

李戡自幼聪颖，学习成绩保持优异。17岁那年，他参加台湾“高考”，名列前茅，被台湾大学录取。但他认为中国最好的大学是北京大学，他的祖父、大姑、大姑夫和二姑都是北大毕业，他父亲李敖深以未能就读北大为憾。为了不使自己留下遗憾，他又报考了北京大学。

他在入学申请书中说：

我愿我能超越这60年的海峡。

我愿我的振翅高飞，能给台湾留下片羽，能为祖国闪出吉光，一旦成真，岂不正是我们共同的希望吗？

2010年6月，李戡来京，到北大接受面试。碰巧李敖的老友陈又亮也在北京，他约我和李戡会面，我们一起在崇文门外一间餐馆吃饭。

我观察李戡很有几分英气逼人，然而少年老成。他举止大方，谈吐庄重，全不像个17岁的孩子；思维敏捷，善于思考，有其父风范。席间，我问他在学校课程之外读些什么书，关注什么问题。他说最近用几个月的时间，研究了一下台湾教育，还写了一本书，即将在台湾出版，那是他给自己的成年礼物。

他对我说，他是从自己读的课本里发现问题的。多年来，学校里每每换新教材，他都会发现课本中有关中国历史文化方面的内容在减少和改变。为了证实自己的看法，他到图书馆去研究了台湾几十年来出版的国文、历史和公民等科目的全部教材，做了大量分析，最终证实，这乃是台湾“去中国化”的具体表现之一，与近些年来“台独”势力抬头相呼应、相契合。同时，他想揭示各种教科书在知识上的缺陷和盲点，痛批其内容的荒谬。他认为这些教材是以编者错乱的神智，煽动学生仇视中国，向他们灌输不切合实际的妄想。他把这些想法告诉父亲以后，父亲鼓励他写一本研究性的著作。

这时我早已回到北京，在生活·读书·新知三联书店负责图书编辑业务。听了他的介绍，对他的著作顿时大感兴趣。我觉得这本书如果能在大陆出版，将不仅有助于大陆读者了解台湾教育的现状和内幕，而且可以帮助人们从宏观上认识台湾社会意识形态。于是我对他说，台版新书出版后请第一时间寄给我看。

8月初，李戡将刚刚出炉的新书快递过来。

在北大求学期间的李戡

我看到书名叫《李戡戡乱记》，不禁会心一笑。我猜想这个书名一定是李敖帮助取的，他在指导儿子贯彻自己的“戡乱”意图。

我和编辑用最快的速度审读了此书。我们都觉得李戡写得相当好。构思缜密，资料翔实，论述严谨，以理服人，大体上符合研究规范。虽然文笔略显稚嫩，但并不影响观点的表达。总体上判断，这是一本以独特角度批判台湾教育乱象的书，也是一本有思想、有锋芒、有锐气的书。

于是三联同意出版，我们同李戡签订了出版协议。

李敖很重视儿子第一次出书，他亲自为这本书写了两万字的“导读”，舐犊之情溢于言表。当然，这无疑是为儿子做了一个大大的广告。

出版前，我又仔细阅读一遍书稿。我觉得李戡像他父亲一样，整体政治倾向是爱国的，所以书稿中敏感问题极少。我总共提出了15条修改意见，其中除了对“台独”分子谢聪敏的评价不当属于政治问题以外，其他 14 条都是行文中的一般表述问题。对此，李戡都配合我们一一进行了修改。

至于李敖的导读，中间有几句话，批评马英九和连战，捎带谈到中国政府的两岸政策。他说大陆有关方面跟国民党上层套近乎，拉关系，其实很不明智，因为连战、马英九自己都不是好人，他们很虚伪，靠不住。我看后觉得这样的话还是不要公开说为好。为了不致正面冲突，我请陈又亮给李敖打电话，建议他删去这几句。当时李敖问，还有别的吗？陈说暂时没有发现别的。李敖表示，能理解，知道共产党是要搞统战的。删就删吧，但是他强调说，下不为例。

发稿后，我原不打算送审，就直接出书，谁想到，因为李敖要为儿子做宣传，他接受记者采访，说三联要出版他儿子的新书，于是此书引起了新闻出版管理部门的注意。领导机关打电话来，要求我们将此书送审。

书稿被送到国台办，他们便聘请了专家审稿。因为我们希望尽快出书，所以要求专家作为急件安排。专家很配合，审稿非常快，大约一个星期，就通知我们去取结果。我一看审稿报告便愣住了。因为专家的标准很严格，不仅对李戡的文章提出了若干修改意见，而且还要求李敖再改三四处，涉及一些批国民党的言论。

我觉得此事有麻烦。李戡的修改倒不成问题，但李敖的事难办。我急忙找陈又亮商量。陈包揽下来，说没关系，他打电话。可是当天晚上，陈与我联系，以沮丧的口气说，没办法，李敖说不通，两人吵翻了。我问详情，他告诉我，李敖骂我言而无信，早承诺过“下不为例”，怎么又要改？上次修改，是因为涉及了共产党，但是这一次，只是骂国民党，为什么也要改？李敖最不能理解，他在书里说“连战的儿子连胜文何德何能也当国民党中常委”这样的话，竟然也需要删去！李敖说，这一次，李戡的文章改不改他不管，反正他的导读绝对一个字不能动。

陈又亮认为李敖这是犯倔，不通情理。他们是“死党”一级的朋友，平常在一起就常以粗话互开玩笑，这时他便对李敖发脾气，说：“你还想不想给你的宝贝儿子出书，因为你不肯修改，你儿子的书就出不了，你怎么这样不理智、不明白？！”李敖说：“三联如果不出书，我就和李昕打官司，反正我手里有合同。”陈又亮一气之下说：“李敖你这样不听劝告，你的事我不管了。”李敖说：“本来也不用你管，你让李昕自己写信给我解释这件事吧。”

我问陈又亮，他为什么要我写信？是不是想留下打官司的证据？陈说你够聪明，他大概是这意思。

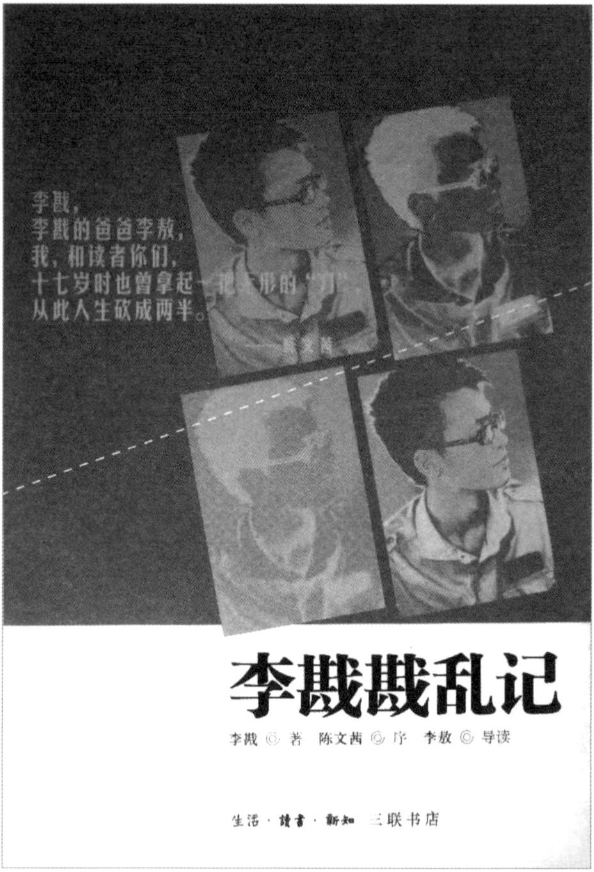
李戡，
李戡的爸爸李敖，
我，和读者你们，
十七岁时也曾拿起一把无形的“刀”，
从此人生砍成两半。
李戡戡乱记
李戡 著 陈文茜 序 李敖 导读
生活·讀書·新知 三联书店

三联版《李戡戡乱记》封面

我才不会写这封信，准备“冷处理”此事，先拖一阵再说。我知道李敖比我着急。果然，几天后国台办就有人主动给我打电话，希望我写一份报告，说明在这本书上李敖本人意见和专家修改意见的分歧。我猜想，这可能是李敖直接找到国台办某位领导诉苦了。

我的报告送上去，两三天之内，我又接到国台办经办人的电话。他说经过研究，李敖那些骂国民党的话，包括批连战儿子连胜文的话，都不必修改了。但是专家意见中只有一个地方，必须得改，改了就可以出书。

他说，李敖有一处说了粗话，应该处理。书中提到台湾人讲的闽南话，是“他妈的”。这样讲不严肃，会伤害闽南人的感情。

我解释说，这不过是一句调侃，何必当真呢？李敖的用意在于批判“台独”。现在台湾因为“台独”意识的影响，一些人把当地语言说成是“台

李戡、李敖和香港作家马家辉（从左到右）在香港书展上

湾话”。但李敖说世上根本没有“台湾话”一说，“台湾话”就是闽南人移居台湾以后说的话。闽南人是台湾人的妈，所以闽南话是“他妈的话”。

国台办的经办人说，你不要解释，照改就是了。

但是这可给我出了难题。我预想，这比政治问题更难和李敖商榷。咨询陈又亮，他果然说，你可千万别和李敖提这件事，否则他会觉得你既没有原则又没有水平，居然以这种荒谬的意见找他麻烦。他建议我，不改，硬着头皮出，谁能因为这一个词把三联怎么样？但我觉得那也不是办法，三联毕竟要考虑和管理部门及专家的长期合作。被逼无奈之际，我灵机一动，对陈又亮说：“我干脆加一个字，把‘他妈的话’改为‘他妈妈的话’，如果李敖问起，我就说是排版错误。”

陈又亮对我的主意拍案叫绝，我们相视哈哈大笑。

改稿问题尘埃落定，出书便一切顺利。为此，我要给大家庆功。图书开印之前，我约了陈又亮和李戡，又召集三联的编辑和相关人员，一起在娃哈哈大酒楼吃饭。席间，陈又亮拨通了李敖电话，几个人轮流拿着电话对李敖表示祝贺，告诉他可以安心了，儿子的书马上就出。轮到我时，我抱怨说："这次你可把我整得不轻，我都急火攻心啦。"然而李敖却颇有些得意地说："如果我不坚持，能有这样的结果吗？"

九、审判美国还是让它"阳痿"？

李敖之所以对《李戡戡乱记》的修改动这么大的肝火，其实还另有原因。那火气，归根到底还是我给惹出来的。

2010年3月，就在我与李戡初次见面约定《李戡戡乱记》书稿之前，我曾给李敖打过一个电话。

原本是一般的问候，但电话里，他对我谈及他正在写作的一本新书又引起了我的注意。

他说，他想算算美国人的老账，揭露美国总统的老底。他要把美国建国 200 多年以来经历的 43 位总统所做的坏事和丑事都抖搂出来，自己以上帝的名义，给他们来一次“末日审判”。他说，美国是别国的祸害，是人类的噩梦，是世界的狰狞，我们必须觉悟了。他想用这本书，言之凿凿地表达一种不安和愤怒。但是“阉割美国太不幽默了，让我们阳痿它”，意思是让美国牛不起来，让美国认识到自己的色厉内荏。所以他想把书名叫作《阳痿美国》。

我听了哈哈一笑。我觉得他那种老顽童的个性又来劲了。但玩世中有真情，见深刻。这样的题材，以这样的笔法来写，大概这个世界上，也没有第二个人能做到。这又将是一本独步天下的奇书。于是我说，你写好交给三联书店吧。至于

台湾版《阳痿美国》

书名叫《阳痿美国》，我当时没有在意，只觉得写好后改个名，不是什么难事。

就在李戡交稿前夕，李敖的新作也完成了。他与我联系，要寄样书给我，同时提了一个条件：首印10万册。这应该不难做到。但此时我想，需要和他讨论改书名的问题了。于是我说，你这个书名是不是俗了一点？在台湾，读者了解你的性格，用这个书名无所谓，但是在大陆，把“阳痿”做书名，恐怕对你影响不好。我直接建议他改为《审判美国》，对他说，这样改不是很切合题意吗？

谁知这个建议一下就把他惹恼了。他说，你们不要想歪了。“阳痿”是个生物学词语，不是讲男女关系。我用它来做比喻，意思是“治疗”美国在政治上的“强阳不倒”，这是非常准确传神的，怎么能改？何况，我的书把“阳痿”当作动词来用，它贯穿全书，也不是改一个书名就能解决一切的。

我知道问题复杂了。但是我强调，现在全国从中央到地方，都在反“三俗”，这样的书名不严肃，是很难出街的。不仅我们三联书店无法接受，而且我相信大陆其他讲格调有文化品位的出版社都会要求他改书名。

那天，我和他在电话里不欢而散。他表示，改书名，他就不出书了。

过了一些日子，我去和陈又亮讨论李戡的作品修改问题，忽然见到陈手里拿着一本台湾版《阳痿美国》。我问：“我怎么没有收到？”陈告诉我，李敖说：“李昕要改我的书名，我的书不寄给他看了。”

我打开李敖赠给陈又亮的新书，只见扉页上题词：“陈又亮同仇敌忾，李敖”。就在扉页的左下角，盖着一个鲜红色的印章，上写“因北京三联书店媚美怕事、背诺拒印，迄今无大陆版”。

陈又亮告诉我，近来李敖凡将此书送大陆友人，便加盖此章。连他送给胡锦涛总书记和温家宝总理的书也盖上了。他的意思，是想让国家领导人评评理，他的作品，究竟算不算是“三俗”？

陈又亮还说，最近，李敖因为要送李戡来大陆上学，到了上海。接受当地媒体采访时，他手持《阳痿美国》说：“这本书原本三联书店是要出的，但后来不出了，我对三联书店表示抗议。”于是我知道，他为此事动了真怒。

我解释说，我们并没有“背诺拒印”，只要他肯改书名，就可以出书。但陈又亮说，是你们太固执了。李敖一定会和你们较劲，想办法不改书名把书印出来。

我只能拭目以待了。

不久，听说李敖联系到大陆一家实力很强的出版社。那出版社认定《阳痿美国》是畅销书，于是抱着志在必得的心情与李敖洽谈版权。李敖

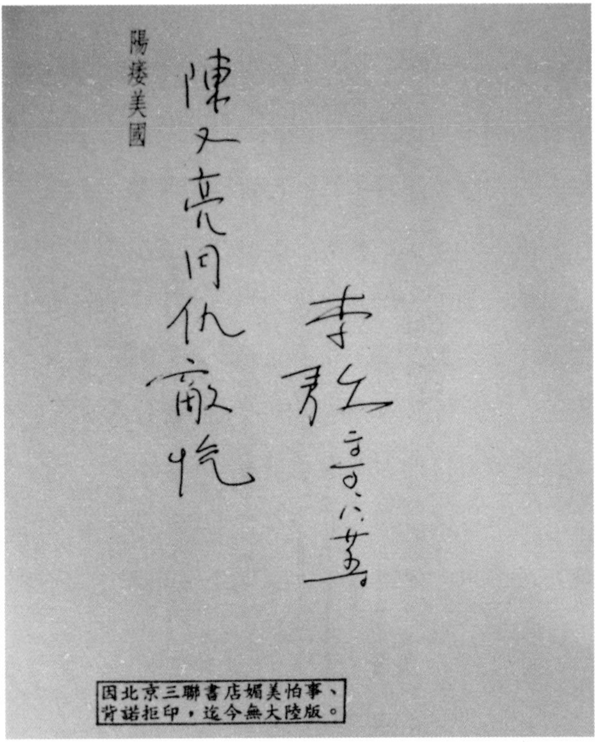

李敖赠陈又亮《阳痿美国》，扉页

心里有一口恶气，他想证明他的书会有人比三联做得更好。不改书名自然是合作的前提，他同时还大大地提高了合作条件，要对方出版此书的总印数不低于50万册，而且要先付预付款。那出版社没有犹疑地答应了。同时，他们还和李敖签下了小说新作《第73烈士》的出版协议，条件也非常优惠。我猜想，这家出版社一定以为自己钓到大鱼了。

大约过了半年，我一直留意着有关《阳痿美国》出版的消息。到了2011年4月，我再次见到陈又亮，又问起这本书为什么至今未见出版。

陈又亮叹了口气说，这事情麻烦了。原来那出版社兴冲冲地打造畅销书，急于将《阳痿美国》推向市场，首印15万册书，已经入库了。正待发行，忽然接到有关管理部门的通知，说是此书要送审。因为书是国际题材，送审的归口管理由外交部负责。外交部请了专家，专家提出了修改意见，实际只是一条：书名要改。而且建议的书名也是《审判美国》。

我问，那他们如何处理？

陈又亮说，可能要全部销毁重印吧。

我猜到了原因。就因为《阳痿美国》是书名，书名通常是要上书眉的，而书眉每一页上都会有。这样，换书名就不仅是换封面和内封，而且要全书重印了。

这样出版社将承受巨大损失。作为出版人，我很理解他们的处境，对他们抱以深切的同情。但我知道，这是一种无奈。同时我也庆幸自己没有陷入这样难堪的境地。

一两个月后，我看到这本书大批上市了。封面还是原来的，但书名果然改为《审判美国》。

又过了大约半年，2011 年 11 月，我应北京大学传播学院邀请，给该院的研究生讲一次编辑学课程。在讲座中，我举出大量实例，讨论出版社与作者的合作关系，其中涉及李敖和李戡。没想到在座的同学中，居然有一个女孩认识李戡，她是李戡在北大组织的“文武学社”的成员。她一边听讲，就一边给李戡发微信，告诉他我在北大的消息。散场后，我忽然发现，台下有一个小伙子走上来和我握手，定睛一看，原来是李戡。他说要请我吃晚饭，于是我们一起到中关村附近的一家台湾餐馆坐了下来。

李戡向我介绍了他在北大的情况，我发现他又成熟了许多，不仅学习上进，而且思想活跃，精力旺盛，是学生中的“社会活动家”。现在他正踌躇满志，想把自己主持的“文武学社”搞成北大乃至中国最有影响力的学生社团。

聊天当然少不了聊到他父亲的事情。他发了不少感叹，说《审判美国》这本书把出版社整惨了。已经印好的第一版 15 万册图书，因为改书名，而全部化作纸浆，真是可惜。现在上市的书，全部是重印的，但是卖得再多，大概也抵不住销毁图书造成的亏损。这家出版社已经不敢再和他父亲合作了，本来承诺要出版历史小说《第 73 烈士》，听说也要解约，不打算出了。

说到一半，李戡问我："你和我爸最近有联系吗？"

我说："没有呀，自从我要改他的书名，他就不再理我了。"

李戡说："要不你们现在通个电话？"于是他拿起手机，拨通了李敖电话。

我有些尴尬，但是接过电话，我发现李敖的怒气已经全消，又在电话里和我嘻嘻哈哈地交谈。我说，《阳痿美国》是个意外，都过去了。今后，我还是希望出版他的学术新著。

李敖带着几分丧气地说："你知道吗，我现在都放弃在大陆出版图书的念头了，因为大陆出版社已经被我得罪光了。"

我说："不会吧，至少，你还没有得罪我。"

十、"大江大海"还是"残山剩水"？

说起我与李敖的合作，还应该提及他的另一本新书：《大江大海骗了你》。

这是李敖公开和龙应台论战的书，也曾经是我考虑的出版选题之一。

李敖和龙应台，分别是台湾文化界著名的"两把快刀"，都以文章敏锐犀利称雄文坛。龙应台从早年的《野火集》到近年的一系列文化批评文字，显示了一个独立知识分子的立场，这与李敖的立场并无冲突，所以他们之间不存在什么旧日恩怨。

一般来说，他们的关系应该还不错。偶然见面，龙应台会伸出双臂问李敖，是不是要抱一下？李敖也说，那就抱一下吧。看起来还很亲热。

这一次，可以说是龙应台写了《大江大海

中国大陆出版的《审判美国》

一九四九》，触动了李敖一贯反国民党的敏感神经，他认为，龙应台在这本书中，简直成了国民党的代言人。

因为龙应台不是史家，她的作品以讲史的面貌出现，出版后原本就有争议。有人不认同她作品的思想倾向，有人质疑她采用的史料。2011年年初，李敖的《大江大海骗了你》更是把争议推向高潮。

这部书有一个副题："李敖秘密谈话录"，全书采用对话体。看起来像是接受采访，其实不过是作者自问自答、自说自话。李敖说，他花了40天的工夫，来回应龙应台，起因竟然是龙应台以"大江大海"为书名。

归根结底，是两人对国民党兵败如山倒的看法不同。在龙应台看来，这是一场悲剧，因而她以"大江大海"形容之，很有些悲壮意味；而在李敖看来，这不过是一场丑剧闹剧，只能以"残山剩水”做说明。

李敖批评说，这部作品的“主轴就是‘逃亡有理，祸国无罪’，不但有理无罪，还要我们向‘失败者’致敬呢”。

他对龙应台的质疑，主要在三个方面：首先，他认为龙只看现象，不看本质，只讲事件，不问原因；其次，他说龙搜集史料不全面不完整，只知其一不知其二，且筛选史料为我所用；再者，他说龙在国共之间，貌似公正，各打五十大板，其实对中共是严打猛击，对国民党却是高高举起，轻轻放下。护短之心，显而易见。

李敖毕竟是史家，龙应台讲史，是动了他的奶酪，所以他极力雄辩，指出作品的漏洞，以大量“龙应台不知道”的史料作为佐证。最典型的一个例子，是龙对东北解放战争中，林彪大军包围长春一役的记述。

龙应台把长春围城饿死饥民和南京大屠杀相

大江大海騙了你
李敖祕密談話錄
只提俄國大兵強姦中國女人，不提美國大兵強姦中國女人，這就是龍應台。
只能盲從龍應台，而不能拆穿她，這就是你。
明明是殘山剩水，卻被當成大江大海；明明是已亡之國，卻被慶祝建國百年，
你這笨蛋，你上了馬英九文化局長的當了！
從龍應台荒謬、到建國百年荒誕、到蔣介石日記荒腔走板，你處處被騙。
要脫身嗎？要自救嗎？請從這本奇書開始。

《大江大海骗了你》封面

提并论。她的作品这样描写：

100 多公里的封锁线，每 50 米就有一个卫士拿枪守着，不让难民出城。被国军放出城的大批难民啊，卡在国军守城线和解放军的围城线之间的腰带地段上，进退不得。尸体横七竖八地倒在野地里，一望过去好几千具。

龙应台认为，共产党就是这样“兵不血刃”解放长春的。这就是“一将功成万骨枯”的证明。

李敖引述《长春文史资料》记载，说明难民的出现，是国民党军队“杀民养军”和“逐民出城”的政策所致。郑洞国曾回忆，当时蒋介石有命令，要军队将城内粮食“完全收归公有”。于是颁布了《战时长春粮食管制办法》，其中规定市民只准自留 3 个月的口粮，其余粮食就要按议价卖给市政府“以供军需”。若有抗拒不交或藏匿不售者，一经查获，一律军法从事。须知，长春围城半年之久，只留 3 个月的口粮能不饿死人吗？

至于难民被国民党驱逐出城后的情况，李敖引述中共方面当事人萧劲光的回忆，讲他们如何设立“难民处理委员会”，如何成立数十个难民收容所，救助和疏散难民，总共发放了4000吨救济粮、600亿元救济金和500斤食盐。

最后，李敖的结论是，蒋介石的困守孤城的战略错误和“杀民养军”的政策错误导致了大量难民死亡的悲剧。龙应台没有看到现象背后的原因。

很显然，作为一种历史讲述，龙应台的“大江大海”是有缺陷的，常常从个别现象出发讨论问题，推及一般的结论，这便难免以偏概全。在这个意义上，李敖的批评大多言之成理。然而，正像龙应台的许多其他文字一样，她的“大江大海”也不是历史，而是文学。她讲述的是历史中的一个个具体个案，不脱离感性，不舍弃细节，也不追求理性的评价。她是作家，未曾想写一部

“国军南渡史”。她所专注的，只是呈现历史上曾经存在的一些牵动人们情感、震撼人们心灵的小人物故事。就此来说，她的作品或许也有很多长处，但李敖考虑的不是这些。

龙应台和李敖这两本有关“大江大海”的书，我都早早拿到了。龙应台的一本，是她到北京三联洽谈版权业务时签名送给我的。李敖的一本，则是他托人带来的。近年来，常有朋友来往于两岸之间，李敖有时会托人带书给我。

在我看来，这两本书就是天生一对。观点对立，或可互补。至少，两书互相参照，可以开阔读者的视野和思路。我一向主张，出版作为社会公器，作为文化界的公共平台，应该可以包容不同的声音。所谓百花齐放，百家争鸣，正是这个意思。

但在中国大陆，出版毕竟是有管理制度的。

我注意到，龙应台在作品中明确表示，她要以此书“向失败者致敬”。如此，她确实显示了自己的立场。失败者为谁？含义不言自明。过去，我一直认为她是无党无派，仅仅是基于平民立场的、代表草根利益的作家，但此书似乎并非如此。尽管，她谴责的国共双方为了争夺政权，发动血雨腥风的战争，使我们的国家满目疮痍，使我们的人民蒙受苦难，似乎，她是站在人道的角度说话。不过，你可以从书中看到，她的全部同情都在国民党（失败者）一方。这或许就是在道义上同情弱者的铁律在发生作用？然而，是非终究是需要明辨的。

出于同情，龙应台在自觉地为失败者辩护。拿长春围城一役来说，长达六个月的围困，致使城中大量平民被饿死是事实，但是龙应台把责任完全归于中共一方，认为是中共方面不放饥民走出城外的包围圈所致，此观点无疑片面偏颇。其实，我以为她在采访中只需要多提一个问题，为什么饿死的多是平民百姓，而极少有军人？只要她了解到老百姓的粮食都被国民党军队搜刮抢夺一空，她看待这一事件便会客观得多。

由于龙应台的作品显示出了这种明确的政治倾向，使我敏感地意识到，即使是出于学术上的宽容立场，把她有关“大江大海”的见解作为一家之言，也是难于安排出版的。根据目前中国大陆出版管理的规定，这种书只能放在一边。

当然，李敖的《大江大海骗了你》也便跟着失去了在大陆出版的机会。可谓“皮之不存，毛将焉附”，不过对李敖来说，是城门失火，殃及池鱼。

2013 年 12 月，我到台北参加书展，顺便拜访李敖。因为当时我们正在恢复设立三联生活书店的品牌，需要策划一批选题，我便考虑出版一个系列的李敖作品，其中有他的几本代表作，也包括他的新作，如写辛亥革命人物的小说《第 73 烈士》等。

在他的书房里，我将建议出版的作品系列目录拿给李敖过目。他从书架上拿出一本《大江大海骗了你》，问我，你为什么不出这本书？

我没有多想，随口说，三联和龙应台的合作很好，你这本书痛批龙应台，我担心伤害龙应台的感情。

当天我们与李敖的话题很多，此事没有多谈，就被岔开了。两天以后，我再次造访李敖。一见面，李敖开门见山对我说："你那天讲话，说是怕伤害龙应台的感情，结果伤害了我的感情。想起这件事，我一直很难过。"

他拉我坐在沙发上，很动情地说："你知道不知道，事实真相是怎样的？龙应台胡说共产党在长春围城时不给老百姓粮食，导致饥民大批饿死，其实是国民党关闭城门不让百姓出城，眼见老百姓饿得不行了，才赶他们出城，结果共产党也救不了他们，给他们豆饼吃，有的还没吃就饿

在李敖的书房里

死了，有的一吃就撑死了。”

他又问：“我的书澄清事实，怎么不能出？”

我自知失言，连忙解释，主要不是为了照顾龙应台的情面，而是因为龙应台的书在大陆也没有出版。我说：“你批龙应台要有靶子。她的‘大江大海’至今没有大陆版，你批‘大江大海’不是成了无的放矢？”

李敖真是机敏有才，他马上反问：“你认识杜林吗？你读过杜林的书吗？那你们为什么要出版恩格斯的《反杜林论》？”弄得我一时语塞。

当然，我无法对他解释，他的书毕竟没有《反杜林论》那样重要。而且，在我看来，李敖对龙应台的反驳，简直像是一场审判。龙应台即使作为被告出现，也是不应缺席的。如果从纯粹的学术角度，那么两人的观点属于百家争鸣的范围。出版社作为公共平台，应该平等对待每一位作者，给予作者以相同的待遇和机会。

正是因此，我期望有那么一天，龙应台和李敖关于“大江大海”的叙述和议论能够同时和中国大陆读者见面。

十一、李敖还是李敖

2013 年 12 月，我和三联的两位年轻同事罗少强、张健一同到台北参加祖国大陆图书展览。

行前，我给李敖打了电话，告诉他我的行程，其中有一项是要拜访他。我说，三联书店现在想恢复生活书店的品牌，可能会与他有新的合作。他很高兴，连说欢迎。

书展过后，同代表团的大陆出版界朋友们都去阿里山旅游了。我对罗少强和张健说，你们第一次来台湾，如果想多看看宝岛风光，就跟着大团一起走。但他们说，愿意跟着我在台北会会朋友。

于是我带他们到敦化南路的金兰大厦访问

李敖。

那天，李敖看来是早做了准备，一见面就引领我们参观他的书房。他先把我们引到他的写字台前，让我们看写字台上摊开着的一份《新华日报》的合订本，那是1945年下半年的报纸。他翻着报纸说，你们看，这里面有很多生活书店的广告呢。你们这家书店，那时就是共产党的书店。我想，他是用这种方法告诉我们，他对三联和生活书店是关注的，对它的历史是熟悉的。

接着他又带我们到一个长条书台前。我忽然看到，那里整齐地摆放着一排书，都是他的著作，但同时也都是我编辑出版的版本。包括我在京港两地出版的李敖作品，总共十二三种。这显然是他特地找出来，安排了一个小小的历史回顾展。我一时有些感动，又颇觉满足，转脸对罗、张二人带着一点炫耀地说，我给李先生做过这么多事，你们没有想到吧？

李敖在神聊

接下来就是海阔天空地聊天。听李敖神侃，我们三人听得津津有味。这一天他聊得最多的仍然是两岸政治和当代历史，还是从他的感慨说起。

他说，因为他口下不肯留情，现在两岸上层都有些人对他“敬而远之”啦。他并不在乎这一点，该说的话，谁也挡不住他说。但他说自己实际是一个标尺，从对他的态度可以看出官方的立场，也可以看出一个人的倾向、人品和胆识。普通百姓不了解情况的不论，政界和文化界有些人歪曲、贬低他，有些人疏远他，其实是别有立场，别有倾向。就出版界来说，有些出版人不过是国民党的帮闲文人，他们热衷出版逢迎国民党的作品，自然不会把他李敖放在眼里；而一些中立的出版商，虽然做学术出版很严肃，但在政治上也是很胆小怕事的，通常不会出版被查禁的书。他李敖的书总共被禁了 96 本，这些书没有别人敢出，他就自己成立出版社，自己出。他笑笑说：

“所以别人做出版可以赚钱，我赚不到，书还没有卖呢，就被禁了。”

议论起龙应台，李敖态度有几分轻蔑。他说当年自己和一批人搞“党外运动”反国民党专制，龙应台不过是跟着起哄。“她原本是不敢骂人的，看到我们都骂，也觉得不骂几句不行，但最高骂到警察局长，不敢骂更大的人物，她的胆量也就这么大。”他还说，那时看不出龙对国民党的根本态度，但是现在她写了“大江大海”，这态度就露出来了。

李敖对目前国民党执政者是看不起的，认为北京方面有些人与国民党打得火热，让他这样一辈子反对国民党的人很不舒服，他曾把这种感觉直接对大陆的一些高层领导谈及。这时我插话说，他这种心情，可能和香港回归以后老左派们看到香港资本家执政的感觉一样。李敖马上接口说：“我就是老左派。台湾像我这样的老左派不多。”

谈到我和他在《阳痿美国》上的不愉快，大家哈哈一笑，算是相逢一笑泯恩仇。他承认，当初我坚持要改书名，是有一点预见性的，算是“老谋深算”。但他仍然不服气，说出版前，还有大陆官员担心影响中美关系，就压着不让出，一定要等胡锦涛主席从美国回来再出。这样使出版耽误了大半年。他说：“我一个人能有那么大作用？而且，不可理解的是，书名虽改了，但封底的内容提要还是讲让美国阳痿。难道大字不可用，小字就可用？”他神情沮丧地说到大陆的舆情管理，一再摇头，说他有一篇评论中国大陆对台政策的文章，有人帮他发到网上后很快消失了。他以为这就是被封杀。可是十天以后此文忽然复活，还到处被转载，又成了热文。这让他对大陆的事情摸不着头脑。说起这些，他似是征询我们的看法，但是我们听了，也无法给出恰当的解释。

一转眼就到了中午，王小屯回来了。李敖和

小屯带我们一起去吃饭。大家来到金兰大厦楼下，李敖说："我今天要请你们吃一顿保证让你们永生不忘的饭。"我不知是什么大餐，进了一间以砂锅鸡闻名的餐馆后，才明白原来就是喝鸡汤，但却是一种罕见的豪华喝法。所谓砂锅鸡，锅是特大号的，鸡是整炖的，汤呈黄色，极浓。汤里有大量火腿、猪蹄、鲜贝、蘑菇等。汤油极多，在面上结一层，用勺撇去后，立即又结一层。我还从未见过这样浓的鸡汤。李敖说，这汤炖过一天一夜。我一尝，的确美味。有了这汤，其他菜根本吃不下了，剩了一桌子。

吃饭时，李敖问罗、张二位，你们第几次来台湾？他们都说是第一次。李敖又问，去没去过台北"故宫博物院"？两人说昨天去过了。于是这个老顽童开起玩笑，说："你们知道吗？台湾有两件国宝，一件是台北'故宫博物院'，另一件就是我。我是中国最后一个旧式知识分子。你们现在都看到了，明天可以回大陆了。”他转过脸对我说："咱们的合作还没有谈呢。你还得再来一次。”随即又对罗、张二位说："你们喝了我的鸡汤，不会忘记我了。你们不必再来，我和你们永别了！”说完还把手一挥。

这个快人快语的李敖，他的几句话，说得我们几人哭笑不得。

出了门，罗、张二位和我慨叹，见到了一个真实的李敖，难得；阿里山没有去，值了。

两天以后，我再访李敖。

他开门见山，说今天咱们是谈合作。他强调，之所以和我谈，“是因为你和他们两个年轻人不同，你是经历过磨难的。”他说："你的性格我看得出来，既大胆又谨慎，所以我们可以合作。但我希望你能更大胆些。”我对他说："你对大陆今天的情况了解不够，其实你的一些书，在大陆未必适合出版。我可以给你一些建议。我最富有经验的地方在于知道什么书能出，什么书不能出，什么书怎么样才能出。”

李敖说：“我承认你有经验，可是《阳痿美国》改成了《审判美国》，你还是没有出呀？”

我说：“这恐怕是有误会，当初你没有同意改名，所以才请你拿走。如果早点同意改，我是可以出的嘛。”

李敖说：“这就是遗憾了。咱们两人是最该合作的，却偏偏在这本书上没有合作。”

接着他谈到自己的出版大全集计划。他快80岁了，想给自己出一套总结性的纪念文集，大约也有80本书，全部豪华精装，作为自制的寿礼。我认为这种形式在台湾无问题，但是在大陆恐怕难以安排。一是销售有难度，二是他的著作，在今天的条件下，有的大陆还不能出，有的书能出也得删。他表示可以信任我，由我来做技术处理。同时他提出了一个先做新书的设想，说他每年都可以写出至少两本新书。然后他走到文件柜边上，顺手拿出一摞文件夹给我看，我注意到每个文件夹是一本著作的写作提纲，从厚度估计有 20 来个。我注意到上面的几个选题是《李敖谈艺录》《墓中人语》《李敖风流自传》等等。有一本书题为《那上面有 19 个人》，我不明何意，问他书的内容，他告诉我，他准备以"9 · 11"事件为题材写一部长篇小说。"你不是送给我冯象注释的《摩西五经》吗？我现在给你看《古兰经》。"他走到书桌前翻开一本厚厚的像辞典一样的大书，指给我看，口里说："这是《古兰经》的句子，我的每句话都有出处。你知道吗，那次去撞世贸大厦的也是 19 个人。"

他表示，无论新书旧书，他都可以让我考虑，在生活书店安排。他说："你可以把它全包下来。你们生活书店打造品牌，如果有一整套李敖作品，保你长期受益。"但我知道，他在中国大陆的版权合作并没有结束，他的几十种作品，现在其他出版社仍然在印制发行，我们是不能重复出版的。于是我表示，我只能积极考虑他的新书和那些在大陆没有出版过的旧书。即使我不能直接安排，我也愿意把这些作品介绍给大陆的其他出版社，因此我可以带一批图书回去研究。

此时我注意到，李敖的家里的高级音响设备，始终在轻声播放着西洋名曲。李敖的听力不好，这声音对他其实有干扰。听我说话，他还不时要把手挡在耳后，才能听清。于是我建议他把音响关掉。但他说不能关，这恰恰是为了我们能够放心讲话。我问为什么，他说，过去他的房间曾被国民党入室安装窃听器，装在角落里，还用喷雾器喷上灰尘，但还是被他发现了，为了防止有人录音，他喜欢一边播放背景音乐一边与人谈话。

我又看到他腰上挂着很沉重的东西，便问那

是什么，他撩起夹克衫，我便看见皮带上串着一架微型相机，还有两样家什没看清。李敖说一个是高压电枪，可以放一万伏高压电，说着他把那貌似手机的东西握在手里，手指一按，啪啪闪着白光；另一件是兰博刀，他也掏出来演示，说那刀用一只手可以打开使用。这都是他用以防身的。

我能理解，这是因为他所处的环境并不安宁。但是，像他这样一个八旬老人，还要为自己的平安操这么多心，让我心里很不是滋味。

临走前，李敖找出一只旅行箱，给我装了满满一箱书，包括他许多在大陆未曾出版的著作，以及他费心费力编辑的《胡适选集》五大卷和《胡适语萃》等。

出了金兰大厦，李敖伸手招呼了一辆出租汽车。我上车和他告别。路上，司机对我说，刚才这个人我认识，他是李敖，是一个敢说敢干的人。

与李敖讨论图书出版

回到酒店房间，我打开箱子，想把李敖的作品拿出来。这时有人敲门，原来是酒店服务员问我是否可以打扫卫生。我请她进来，她一眼看到那个箱子，嘴里哇的一声，说："李敖的书！"随即伸出大拇指。

下午，我约好的台湾女作家来酒店会面，她想在大陆出版一些以中国文化为题材的中英对照图文书。谈话中我无意中提到上午我去过李敖的家。谁知她顿时两眼发亮，说：

"李敖，我从小就读他的书。"

我问她为何这么偏爱李敖，她的回答很好笑，说那时她爸爸是台北的监狱长，李敖就关在这家监狱里。她家的书都是李敖送的，有满满一柜子。当然，她解释说："后来我们一家都成了李敖的粉丝。"

我觉得真有意思，一天中见到三位不同身份的台湾人，偏偏都是李敖的崇拜者。

我想，李敖今天虽然老了，但是他的影响力并未消退。

李敖还是李敖。

2015 年 9 月 16 日—9 月 23 日初稿

2016 年 3 月 22 日改毕

2015年4月，李敖年满80周岁。早在1月份，儿子李戡就在悄悄地张罗，要为父亲办一次寿宴。他提前通知了50多位亲朋好友，订下台北福华饭店宴会厅，直到日期临近，才让汪荣祖等老友约李敖出来吃饭。生日那天，当李敖在老友陪同下进入宴会厅时，还蒙在鼓里（赖岳忠摄影）

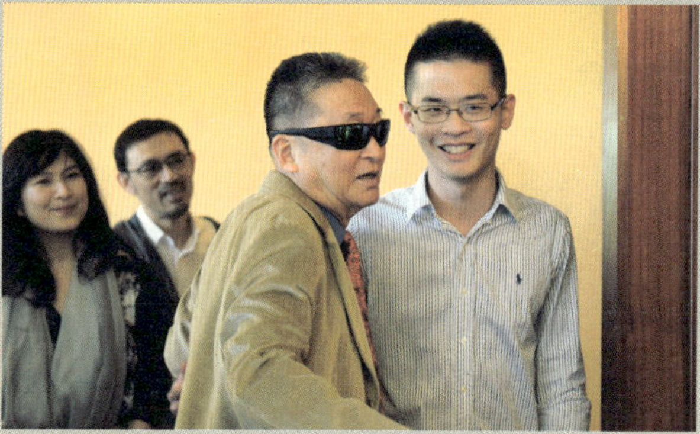

李戡悄悄告诉父亲，今天要给他一个惊喜（赖岳忠摄影）

许多老朋友都来了（赖岳忠摄影）

李敖见到如此场面，一时不知所措（赖岳忠摄影）

当李敖知情后，激动得和儿子拥抱（赖岳忠摄影）

李敖父子一起切生日蛋糕（赖岳忠摄影）

李敖在寿宴上讲话。事后，李戡问父亲：“当你进了宴会厅知道真实情况以后，你的第一感觉是不是‘这个儿子真好’？”李敖笑说：“不对，我的第一感觉是，‘这得花多少钱呀！’”（赖岳忠摄影）

后　记

我没有想到，这一篇有关李敖的文章，竟然可以出版一本书。

这其实是深圳报业集团出版社老总胡洪侠精心策划和热心推动的结果。

最初，我只是在饭桌上对他讲了一些我与李敖交往的趣事。他听了，便两眼放光，建议我写文章。我当那不过是一般的鼓励，并非约我写书。因为当时他只是在主编报纸，尚未兼管出版社。去年，我写了一系列回忆性散文，从周有光、杨振宁、傅高义写起，又写到韦君宜、马识途、曾彦修、吴敬琏等等，都发表在他主持的《晶报》上。他于是问我，为什么没写李敖？我说，会写的。但直到那时，我也没有想过要当作一本书来写。

我把李敖放在后面写，因为这一篇不大好写。李敖是一个争议颇大的人物，围绕着他，肯定的否定的、赞颂的抨击的各种议论搅在一起，在网上终日进行着无休无止的口水战。写李敖，无异于蹚浑水，弄不好，会被无谓地卷到是是非非之中。所以最初我的设想，是只写我和李敖交往与合作的故事，不涉及对有关争论的评价。然而一动笔，便发现这几乎是不可能的。因为李敖被一些文人和网民诋毁和构陷，无端背负许多骂名，其形象已被严重歪曲。而我若对此不做辨析和澄清，不进行必要的评述，就很难解释自己为何一向推崇李敖并长期保持与他合作。于是此文的篇幅便不能不加大，变成了上中下三篇11节，在上下两篇谈李敖作品出版背后的故事之外，我又增加了《中篇是是非非说李敖》，以4节文字专门回应各种争议。文章写毕，我先在自己的香港《橙新闻》专栏上发表，继而又将它刊登在《长江文艺》上，从舆论反馈来看，读者反应尚好。有些读者给我留言，说是据此可以摒除偏见，重新认识李敖。于是我颇觉欣慰，也深感公道自在人心。

有一点需要在这里说明，就是我的文章讲李敖反专制、反暴政，举例多是反老蒋、小蒋和国民党，很少提及他对民进党的态度。其实熟悉李敖的人都知道，李敖不喜欢国民党，但他更反对“台独”。2000年他参加台湾地区领导人竞选，就是因为他与陈水扁的“台独”主张势不两立；2005年，他孤身进入“立法院”，奋力抵抗国民党和民进党联手炮制的军购案，也是为了支持统一。后来他与马英九绝交，只因为马在台北会见了日本右翼分子石原慎太郎，由此你便可以知道，无论李敖批谁骂谁，实质都是基于爱国，这是他一贯坚持的原则立场。

大概很少有人能够了解，在台湾，李敖的爱国也是遭到某些人仇视的。他儿子李戡讲过一个故事，说 2005 年，李敖访问北京回台湾不久，就在“立法院”的办公室收到一个恐吓包裹，里面有一只塑料袋，袋里是一包鲜红的血。李敖面不改色，在接受电视台采访时，他对着摄像机，向寄包裹的人喊话，说：你有种，请寄子弹来。结果几天以后，果然又收到子弹。这时李敖再次到电视上喊话，说：你有种，请再寄炸弹来。最终对方示弱，炸弹没有寄来。李戡对我说，他自己当时是个初中生，非常害怕，甚至很长时间都不敢和父亲一起上街，于今想来很是惭愧。但是父亲对此若无其事，那种无所畏惧的性格，真让他见识了一个爱国者的胆魄。

诸如此类的故事，其实还有不少，限于文章的题旨和行文的结构，我无法一一写在文中。毕竟，这不是一本李敖的传记，更不是研究李敖的著作，而仅仅是我个人与李敖交往的回忆录，不能一再横生枝节。但在我看来，无论从人格、思想、学问、才华和贡献这几个方面中哪个角度，李敖都是值得研究、值得立传的人物。中国大陆文化界熟悉李敖思想和学术的学者作家不少，相信将来一定会有与李敖的成就和地位相称的研究著作和人物传记出版。

感谢新任出版社老总的胡洪侠做了如此策划，让我将一篇报刊连载文章配上大量图片，做成一本小书。按例书前当有序言，最初洪侠兄的意思，是想让我邀请李敖作序。他觉得李敖曾为其父李鼎彝的《中国文学史》作序，为其子李戡的《李戡戡乱记》写导读，从来都是“内举不避亲”，应该不会有什么忌讳。然而我把文章寄给李敖先生，然后电话邀请他作序时，却被他一口拒绝。对此文，他只是表示感谢，但是他说，“我不做评价，因为你为我说了好话，我不便表态”。没想到，一向自称千古独步的李敖，当被别人夸奖时“总是担心别人夸得不够”的李敖，当被别人问起最佩服谁时“就自己照镜子”的李敖，竟然也有如此谦虚的时候！

于是写序的责任就落到了洪侠兄本人的头上。感谢他出于对李敖和拙作的认知和理解，写下了热情的推荐语。文章以“快看”这本小书为标题，分明也受了李敖毛遂自荐《独白下的传统》的影响，对自己策划的图书充满激情。感谢李敖先生翻箱倒柜为我找出大量精彩图片，使这本书得以图文并茂，须知，这些照片中有相当一部分达到专业摄影水平，因为那是李敖的“御用”摄影师赖岳忠拍摄的。最后我还要感谢责任编辑汪小玲女士，她以丰富的编辑经验，认真进行了资料的核查和文字的把关。如果没有她，或许书中便会留下一些遗憾。

总之，这样的一些内容，写成这样的文章，最终以这样一本书的形式出现在读者面前，令我感到十分开心。

2016 年 7 月 11 日

别传附档

快看《独白下的传统》

李敖

写这本书的目的，是帮助中国人了解中国，帮助非中国人——洋鬼子、东洋鬼子、假洋鬼子——别再误解中国。

中国人不了解中国。为什么？中国太难了解了。中国是一个庞然大物，在世界古国中，它是唯一香火不断的金身。巴比伦古国、埃及古国，早就亡于波斯；印度古国，早就亡于回回。只有中国寿比南山，没有间断。没有间断，就有累积。有累积，就越累积越多，就越难了解。

从地下挖出的“北京人”起算，已远在五十万年以前；从地下挖出的“山顶洞人”起算，已远在两万五千年以前；从地下挖出的彩陶文化起算，已远在四千五百年以前；从地下挖出的黑陶文化起算，已远在三千五百年以前。这时候，已经跟地下挖出的商朝文化接龙，史实开始明确；从纪元前八四一年（周朝共和元年）起，中国人有了每一年都查得出来的记录；从纪元前七二二年（周平王四十九年）起，中国人有了每一月都查得出来的记录。中国人有排排坐的文字历史，已长达两千八百多年。

在长达两千一百多年的时候，一位殉道者文天祥，被带到抓殉道者的元朝博罗丞相面前，他告诉博罗："自古有兴有废，帝王将相，挨杀的多了，请你早点杀我算了。"博罗说："你说有兴有废，请问从盘古开天辟地到今天，有几帝几王？我弄不清楚，你给我说说看。"文天祥说："一部十七史，从何处说起？"

三百多年过去了，十七史变成了二十一史，一位不同黑暗统治者合作的大思想家黄宗羲，回忆说："我十九、二十岁的时候看二十一史，每天清早看一本，看了两年。可是我很笨，常常一篇还没看完，已经搞不清那些人名了。"

三百多年又过去了，二十一史变成了二十五史。书更多了，人更忙了，历史更长了。一部二十五史，从何处说起？

何况，中国历史又不只二十五史。二十五史只是史部书中的正史。正史以外，还有其他十四类历史书。最有名的《资治通鉴》，就是一个例子。司马光写《资治通鉴》，参考正史以外，参考了三百二十二种其他的历史书，写成两百九十四卷，前后花了十九年。大功告成以后，他回忆，只有他一个朋友王胜之看了一遍，别的人看了一页，就爱困了。

一部中国史，从何处说起？

何况，中国书又不只历史书，历史书只是经史子集四库分类中的一部分，清朝的史学家主张“六经皆史”，这下子经书又变成了历史书。其实凡书皆史才对，中国人面对的，已不是历史书的问题，而是古书的问题。

古书有多少呢？

古书多得吓人。

古书不只什么《古文观止》《唐诗三百首》，它们只不过占两种；古书不只什么四书五经，它们只不过占九种；古书不只什么二十五史，它们只不过占二十五种。古书远超过这些，超过十倍一百倍一千倍，也超过两千倍，而是三千倍，古书有——十万种！

吓人吧？

这还是客气的。本来有二十五万种呢！幸亏历代战乱，把五分之三的古书给弄丢了，不然的话，更给中国人好看！

又何况，还不止于古书呢！还有古物和古迹，有书本以外的大量残碑断简、大量手泽宗卷、大量玉器石鼓、大量故垒孤坟，和陆续不断的大量考古出土。……要了解中国，更难上加难了。

又何况，一个人想一辈子献身从事这种“白首穷经”的工作，也不见得有好成绩。多少学究花一辈子时间去在古书里打滚，写出来的，不过是“断烂朝报”；了解的，不过是“瞎子摸象”。中国太难了解了。

古人实在不能了解中国，因为他们缺乏方法训练，笨头笨脑的。明末清初第一流的大学者顾炎武，他翻破了古书，找了一百六十二条证据来证明“服”字古音念“逼”，但他空忙了一场，他始终没弄清“逼”字到底怎么念，也不知道问问吃狗肉的老广怎么念。顾炎武如此误入歧途，劳而无功，而他却还算是第一流的经世致用的知识分子！又如清朝第一流的大学者俞正燮，他研究了中国文化好多年，竟下结论中国人肺有六叶，洋鬼子四叶；中国人心有七窍，洋鬼子四窍；中国人肝在左边，洋鬼子肝在右边；中国人睾丸有两个，洋鬼子睾丸有四个。……并且，中国人信天主教的，是他内脏数目不全的缘故！俞正燮如此误入歧途，劳而无功，而他却还算是第一流的经世致用的知识分子。

二十世纪以后，中国第一流的知识分子，在了解中国方面，有没有新的进度与境界呢？有。他们的方法比较讲究了，头脑比较新派了，他们从象鼻子、象腿、象尾巴开始朝上摸了。最后写出来的成绩如何呢？很糟。除了极少数的例外，他们只是一群新学究。西学为体，中学为用。其实天知道他们通了多少西学，天知道他们看了多少中学。他们是群居动物，很会垄断学术，专卖学术，和拙劣宣传他们定义下的学术。于是，在他们多年的乌烟瘴气下，中国的真面目，还是土脸与灰头。

中国这个庞然大物，还在雾里。

作为一个中国人，要想了解中国，简直没有合适的书看。古代的知识分子没有留下合适的，现代的知识分子不能写出合适的。中国人要想了解中国，只有标准本教科书，只有《薛仁贵征东》《薛丁山征西》《呼延庆征南》《罗通扫北》，只有大戏考中的《一捧雪》《二进宫》《三击掌》《四进士》《五人义》《六月雪》《七擒孟获》《八大锤》《九江口》《十老安刘》。……这太可悲了。

中国的真相不在这里，中国的真相不是这样的，中国的真相既没有这样简单，也没有这样“春秋配”。

中国没能被了解——全盘的了解。中国被误解了。中国是庞然大物，中国被瞎子摸象。

就说被摸的象吧。中国人一直以为象是“南越大兽”，以为是南方泰国、缅甸、印度的产物。中国人喜欢这个和气的大家伙，酒杯上用它，叫“象尊”；御车上用它，叫“象辇”；游戏里用它，叫“象棋”；最有缘的，在文字里用它，代表了六书中的第一种——“象形”。象形就是根据象而画出来的形，人一看到就知道是象，又大又好画，大家都喜欢画它，愈画愈像，所以这个“像”的字，就从这个动物演变出来。

现在我们写“为者常成”的“为”字，古字中象形写法见下图：下边的象形是手，上边的象形是象，“为”字的原始意思就是“用手牵象”。牵象干什么？打仗、做工，都是最起码的。中国人在用牛用马以前，早就用到了象。象不是外国货，最早在黄河流域，就有这种庞然大物。后来，黄河流域气温变凉了，象开始南下，出国了。在古人写古书的时候,已经看不到它了。所以《韩非子》里说："人希见生象也，而得死象之骨，按其图以想其生也。故诸人之所以意想者，皆谓之象也。"

当象再回国的时候，中国人不认识它了，以为它是外国货，把它当成"南越大兽"了，象以珍禽异兽姿态出现，让中国人瞎摸了。

中国人不了解中国。不了解中国有什么。

中国人对中国无知，这是中国知识分子的失败。中

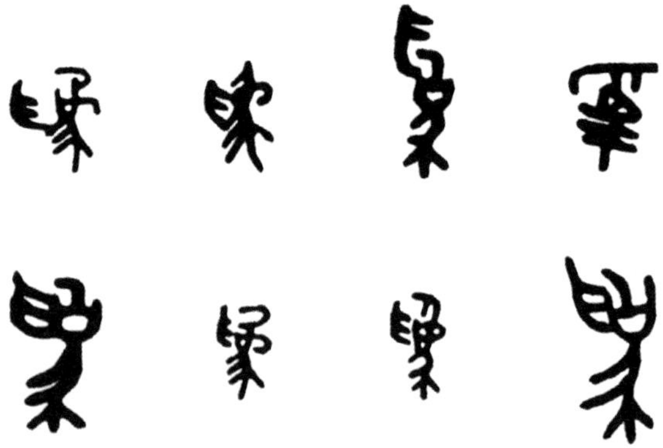

国人“希见生象”，又不能“得死象之骨，按其图以想其生”，所以只是瞎摸、瞎摸。瞎摸到生象，还算是“摸象”；瞎摸到死象，就完全是“摸骨”了。中国人对中国的了解，实在还是龙海山人关西摸骨的水准，中国人真可怜！

问题出在中国知识分子。

中国知识分子是中国最可耻的一个阶级。这个阶级夹在统治者和老百姓之间，上下其手。他们之中不是没有特立独行的好货，可是只占千万分之一，其他都是“小人儒”。庸德之行，庸言之谨，读书不化，守旧而顽固。中国知识分子坚守他们在统治者和老百姓中间的夹层地位，误尽苍生。当特立独行的王安石搞变法，想直接授惠于老百姓的时候，文彦博站出来向皇帝说话了，他说：“陛下是同士大夫治天下，不是同老百姓治天下。”王安石想越过这批拦路虎，可是他碰到了绊脚石。

中国知识分子失败了。有两大方面的失败：一方面是品格上的，一方面是思想上的。思想上失败的特色是：他们很混、很糊涂、很笨。他们以知识为专业，结果却头脑不清，文章不行。这种特色不但使他们品格诸善莫做，并且扶同为恶而不自知；在思想上也不能深入群众，影响普遍的中国人。他们写的东西，只能自我陶醉，或者给互相捧场的同流货色一起陶醉，实际上，实在不成东西。对绝大部分中国知识分子的作品，我看来看去，只是可怜的“小脚作品”。它们的集体悲剧，乃是在不论它们的呈现方式是什么，它们所遭遇的共同命运，都是“被层层桎梏”的命运。不论它们的呈现方式是“散文”“骈文”“时文”“八股文”“语体文”，是“论辨”“序跋”“志传”“奏议”“哀祭”“书牍”“诏令”“论文”，是“诗”“词”“歌”“赋”“颂赞”“箴铭”“弹词”“小说”，是“气”“骨”“神”“势”“实”“虚”“韵”“逸”“用典”“白描”，是“简洁”“蔓衍”“谈理”“抒情”“刚健”“优柔”“平朴”“绚丽”，或是“革新”“守旧”“创新”“追摹”“独造”。……不论从哪一路的进退冲守，都是“小脚如来”的“掌心行者”，都不能逃开共同被传统“桎梏”“修理”的命运。在这共同命运之下，“文体”的争论也好，“诗体”的争论也罢，乃至什么“雅”“俗”之分，“刚”“柔”之异，“古”“今”之别，“朝”“派”之变，“文”“白”之争。……从如来掌心以外来看，它们所能表示的，至多只是被“修理”的轻重深浅而已。换句话说，它们统统都多少被传统的水平观念缠住，被传统的社会背景缠住，被传统的意识形态缠住，被传统的粗糙肤浅缠住。……这样的一缠再缠，中国的作品便一直在“裹脚布”中行走，不论十个脚趾如何伸缩动静，都无助于它在一出世后就被扭折了骨头。

这样子的悲剧命运，使千年的庞大文字遗产，只表露了庞大的繁琐与悲哀。中国千年的文字障中，没有大气魄的诗，没有大气魄的剧，没有大气魄的小说，也没有大气魄的作品。没有好的表达法，没有像样的结构，没有不贫乏的新境界，也没有震撼世界的文艺思潮。表达的方式，至多只在一首小诗、一阕小词、一段小令、一篇小品、一个小故事里打滚，足以自豪的任何作品，在新世界的文学尺度下，都要打回票。中国知识分子的表达力，至多只是表达一点粗浅的浮情，忧国也好，非战也好，田园也好，香奁也好，铁板高唱也好，儿女私情也好。……除了在最低浅的层面上，吟咏低唱一阵或乘兴挥毫一笔外，便不能再深入，或因深入而浅出。中国知识分子是集体失败的，集体铸造了历史的纵线失败。我常常想：一部《儒林外史》的部分好题材，在任何二流三流的西方文人手里，都不会有吴敬梓那样糟糕的处理，那样可怕的结构，而吴敬梓已算得上是我们中国文学史上的特级文豪。——中国摇笔杆的真失败！

在这种纵线的失败中，中国人了解中国，已经很难从知识分子的文字障中得到满足，知识分子败北之日，就是愚夫愚妇“罗通扫北”之时。当愚夫愚妇装了满脑袋的孟姜女、包龙图、木兰从军、三娘教子、游龙戏凤、九命奇冤的时候，他们对中国的了解，也就真够瞧的了！

中国知识分子文章不行的背景是他们读书不化、头脑不清。在知识分子中很难找到明白人。偶尔也有清光一闪，留下一句，可是你刚要鼓掌，下面一句就冒出混话，立刻把你的兴致扫光。

因为读书不化头脑不清，常常发现他们争不该争的，又不争该争的。以宋朝的一场闹剧为例。八百年前，宋朝仁宗没有儿子，绝了后。新皇帝宋英宗做了皇上。英宗是仁宗堂兄濮王的儿子，他接了仁宗的香火，对他亲生爸爸该怎么叫，竟引起天下大乱。首先，骑墙派知识分子王珪不敢发表意见，右派知识分子司马光表示，根据传统文化，该叫亲生爸爸做伯父，原因是，英宗由宗法制度的老二一支，入继老大一支，必须不叫亲生爸爸做爸爸，而该叫法定爸爸即仁宗做爸爸。这种见解，左派知识分子欧阳修反对，他也根据传统文化，认为没有消灭父母之名的道理，所以，仁宗不是爸爸，而濮王（原来的爸爸）才是爸爸。于是展开混战，从皇帝妈妈以下，全部引用传统文化，大打起来。严重到司马光派的知识分子贾黯留下遗嘱，要求皇上一定得叫原来的爸爸做伯父，不然他死不瞑目。另一个知识分子蔡伉，也向皇上大声疾呼，声泪俱下地表示，天下兴亡，就在这一叫。后来司马光派请求皇上杀欧阳修派，皇上不肯杀，并且违反了司马光派的传统文化，仍叫原来的爸爸做爸爸。司马光派吵着，并且宣布“理难并立”“家居待罪”。最后闹得双方都赌气要求皇上贬自己，满朝乌烟瘴气。

第一流的知识分子不把精神用来解决小人、解救小民、解放小脚，却用来争所不该争的，这是中国知识分子的混、糊涂、笨。

别以为上面举的叫爸爸例子，只是一时一地的现象，才不呢！明朝世宗时候的“大礼议”，神宗时候的“梃击案”，光宗时候的“红丸案”，熹宗时候的“移宫案”，以至汉学宋学之争，今文古文之争，孔庙配享之争，保教尊孔之争。……没有一件不是错认目标浪费口舌的小题大做，没有一件不是暴殄文字的丧心病狂。

在这些无聊的纠缠以外，中国知识分子把多余的精神用来逃避现实，他们美其名曰研究学术，其实只是另一种玩物丧志。十七八世纪的大思想家李塨，早就为这种现象做了归纳和预言：

“(知识分子)于扶危定倾，大经大法，则拱手张目授其柄于武人俗士，当明季世，朝庙无一可倚之人，(知识分子)坐大司马堂，批点左传。敌兵临城，赋诗进讲。……日夜喘息著书，曰：‘此传世业也！’卒至天下鱼烂河决，生民涂炭。”

这种现象的结果是，思想上的失败，导致了他们品格上的失败，他们一方面诸善莫做，一方面扶同为恶而不自知。于是，“天下鱼烂河决，生民涂炭”的时候，再做什么，都太晚了！

中国知识分子缺乏一种重要的品质，就是“特立独行”。缺乏特立独行，自然就生出知识分子的两大方面的失败。结果变得甲跟乙没有什么不同，丙和丁没有什么两样，大家说一样的话，写一样的狗屁，拍一样的马屁。

甲乙丙丁之间，至多只在面目上有点小异，在全没个性与特性上，却根本大同。

表面上看，司马光型和欧阳修型不同，其实从基本模式上看，两个小老头完全一样。他们争的，都是传统文化的解释权，看谁解释得好，使孔夫子和当今圣上高兴。打开《司马文正集》和《欧阳文忠集》，一对照，就看出他们竟那么像，像得你可以叫司马“修”，叫欧阳“光”！他们都是在传统板眼里一板一眼的顺民，他们两眼毕恭毕敬地向上看，一点也不敢荒腔走板。

中国传统最不允许荒腔走板。中国社会虽然没效率，但对收拾板眼不合的天才与志士，却奇效如神，很会封杀。这种封杀，先天就致特立独行的人于死命。这种人，绝大多数都要早夭；侥幸不早夭的，最后也难逃浩劫。伟大的明朝先知李卓吾（贽），七十六岁还要死在牢里，就是最杀气腾腾的例证。——他们走的路，都是到烈士之路。

所以，理论上，特立独行的知识分子，在中国很难存在，存在也很难长大，长大也很难茁壮，茁壮也很难持久，持久也很难善终。那么，这些人怎么办呢？这些人想出一个办法，就是隐居。中国第一部正史《史记》作者司马迁，这个特立独行的人，在牢里有一段悲惨生涯——被割掉生殖器；中国第二部正史《汉书》作者班固，这个特立独行的人，曾两次入狱，第一次靠他弟弟班超的面子脱罪，第二次以涉嫌叛乱死在牢里；中国第三部正史《后汉书》作者范晔，这个特立独行的人，也以叛乱罪下狱，同他一个弟弟四个儿子，一起横尸法场。范晔看出来特立独行的下场，在他的书里，他特别为特立独行的人，列了专传，就是《后汉书》里的《独行传》和《逸民传》。这种传记，变成传统，到《晋书》中变成《隐逸传》，《齐书》中变成《高逸传》，《梁书》中变成《处士传》，《魏书》中变成《逸士传》，《南史》以后都叫《隐逸传》。但这种形式的特立独行者，他们只是山林人物，只是不合作主义者，至多只能在品格上特立独行，在思想上还大有问题。换句话说，他们可惜都很笨。他们可能是特立独行的愚者，特立独行的贤者，特立独行的行者，特立独行的勇者，特立独行的作怪者，但很少是特立独行的智者。这些人在中国传统里比例极少，可说只有千万分之一。中国正史里为他们立专传，并不表示他们人多势众，只表示对他们致敬。当然，他们是消极的，消极的高蹈，消极的洁身自好，消极的不能做示众的烈士，只能做示范的隐士。但是，在乱世里，他们能自苦如此，能视富贵如浮云，能坚持信仰，坚持不同流合污，也就天大的不容易了！

二十世纪以来，中国社会有了剧变，群体的趋向愈来愈明显，效率也愈来愈“科学”，古代人至多“天网恢恢”，现代人却会“法网恢恢”。古代人要表现特立独行，归去来兮以后，回家有将芜之田园，有欢迎之童仆，有寄傲之南窗，有盈樽之酒；现代人呢？什么都没有，只有管区警察。

但现代人中有一个例外，有一个“今之古人”，那就是李敖。很多伪善的读者吃不消李敖喜欢捧李敖，所以李敖谦虚一次，用一次海外学人捧场的话，来描写这个例外。《大学杂志》登过这么一段——

“至于攻击传统文化的智识之士当中，倒有不少来自中国内地，足迹从未到过‘西洋’，对于中国文史典章之通晓远在他们那点点‘西学’之上。主张‘打倒孔家店’的四川吴虞便是一个典型。台北的李敖，主张‘全盘西化’，那么坚决，那么彻底，然而他也从未出过洋，他对西方任何一国的语文未必娴熟流利，而他的中文已经卓然成家。更基本的，他那种指责当道（包括学术界的当道），横睨一世的精神，完全不是‘西方式’的，完全出自一种高贵的中国‘书生传统’。近代愤激的中国智识之士以及若干受他们影响的外国学者，爱讲中国历史上的文字狱与思想钳制，却忽视了中国传统书生另有一种孤傲决绝的精神，在《时与潮》发表的那篇李敖之文，便表现了这股精神。”

这是很叫人赶快鼓掌的话。鼓掌以后，再看一遍，再鼓一次掌。

海外学人捧我有“一种高贵的中国‘书生传统’”，他说对了。我是喜欢搬弄传统的。从十四年前出版《传统下的独白》开始，到十四年后出版这本《独白下的传统》，就证明我对传统有传统。为什么要这么传统呢？因为要了解中国，就不能不弄清传统。

美国人向法国人开玩笑，说你们法国人老是自豪，可是，一数到你们爸爸的爸爸，就数不下去了，为什么？法国人私生子太多，一溯源，就找不到老爸爸了；法国人也向美国人回敬，说你们美国人也老是自豪，可是一数到你们爸爸的爸爸，也数不下去了，为什么？美国人历史太短，一溯源，也找不到老爸爸了。这个笑话，说明了解历史太短的国家，就不必受传统的罪，直接了解，就可一览无余。了解只有两百年历史的美国，固然要了解英国；但了解英国，只要精通北欧海盗史，就可以完工，绝不像了解中国这么麻烦。

精神分析学家看病的时候，必须使病人回忆过去；思想家、批评家、哲学家、历史家面对中国这个庞然大物，也必须如此。中国是一个充满了万年、千年、百年、几十年和十几年大量传统的民族，寿比南山。南山本是传统细壤所积，不了解钙层土（pedocals）和淋余土（pedalfers）的人，不了解土壤；不了解中国“钙层传统”和“淋余传统”的人，又怎么了解中国？

中国人不了解中国，中国人了解的中国只是“中国口号”；非中国人不了解中国，非中国人了解的中国只是“中国杂碎”。他们都没功夫了解中国，也没有了解中国的功夫。在这种情形下，一个有着“高贵的中国‘书生传统’”的人，以“种豆南山下”“悠然见南山”的心情，写下这本中国入门书，它的意义——不论是说出来的还是没说出来的——自然就非比寻常。

这是真正的“中国功夫”，这是李敖的“中国功夫”。

汉朝的开国皇帝刘邦，不喜欢知识分子，他的方法是“溺儒冠”——一把将知识分子的帽子抓下来，当众朝帽子里撒尿；明朝的孤臣孽子郑成功，不要做知识分子，他的方法是“焚儒巾”——跑到孔庙向孔夫子说：“各行其是！”当众把书生装烧了。这一溺一焚之间，真有学问。“旧唐书”里有“救焚拯溺”的话，借用来写中国知识分子的惶恐心情，倒也好玩。中国知识分子最缺乏“溺儒冠”“焚儒巾”的气魄，读书不化，头脑不清，到处叫爸爸。这本《独白下的传统》，是一本“究天人之际，通古今之变，成一家之言”的奇书，它像溺儒冠焚儒巾一样的唾儒面。有了这样的奇书，中国受苦受难的人才气象万千，才光芒万丈。

这不是写给脸上有口水的人看的书，它的写法，打破了所有的格局与成例。我希望，所有受苦受难的人能看得懂又不看得困；我希望，他们透过这本书，来了解中国；也透过这本书，来了解自己。不论是贩夫走卒，不论是孤儿神女，不论是白日苦工或黑狱亡魂，他们都是受苦受难的中国人，他们是中国的生命，他们是真的中国。

一九七九年，经年累月足不出户之日，李敖在台湾。

（原载台湾远景出版社 1979 年版《独白下的传统》，李敖自序）

萧孟能诬告李敖背信案材料一组

李敖因被诬案致李昕信

李昕吾兄老弟：

兹请 Vicky 传上有关被诬案图片四张，总说明是：

萧孟能诬告李敖背信案，当时国民党太上军机处王昇上将主持“刘少康办公室”介入，司法、舆论对李敖

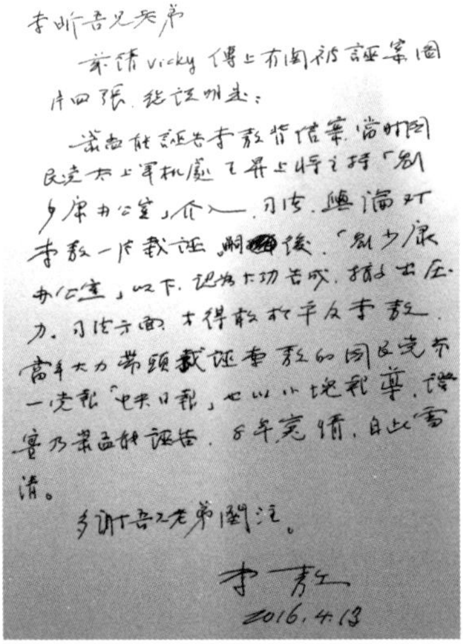
李昕吾兄老弟
兹請 vicky 傳上有關被誣案圖片四張，總說明是：
蕭孟能誣告李敖背信案，當時國民黨太上軍機處王昇上將主持「劉少康办公室」介入，司法、輿論對李敖一片栽誣，解嚴後，「劉少康办公室」以下，認為大功告成，撤出压力，司法方面，才得裁判平反李敖，當年大力帶頭栽誣李敖的國民黨第一党報「中央日報」也以小塊刊登，證實乃蕭孟能誣告，8年冤情，自此雪清。
多謝吾兄老弟關注。
李敖
2016.4.13

一片栽诬。嗣后，“刘少康办公室”以下，认为大功告成，撤出压力。司法方面，方得敢于平反李敖，当年大力带头栽诬李敖的国民党第一党报“中央日报”也以一小块报道，证实乃萧孟能诬告。8年冤情，自此雪清。

多谢吾兄老弟关注。

李敖

2016.4.13

李敖亲自给李昕写信，给出“萧孟能诬告李敖背信案”相关图片总说明

控告李敖侵占败诉　萧孟能诬告吃官司

（台北讯）八年前，萧孟能控告李敖侵占的案件，“最高法院”昨日判决，这是一件诬告案，萧孟能且被判刑四月减刑为二月，不能易科罚金，全案确定。

李敖对于这件平反的官司，昨日表示其对司法恢复部分信心。

八年前，萧孟能与李敖失和，萧孟能乃控告李敖侵

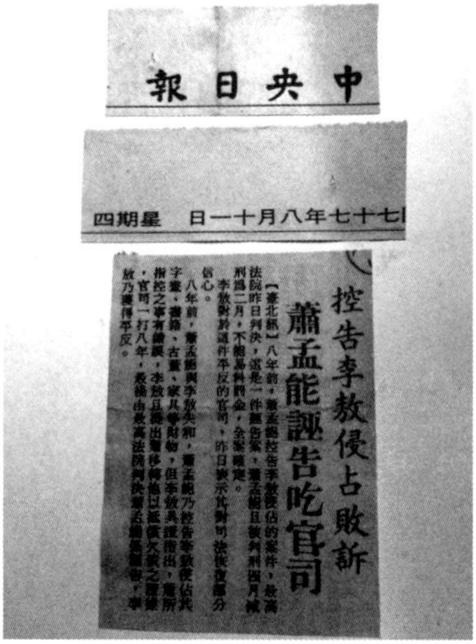

中央日報

七十七年八月十一日 星期四

控告李敖侵占敗訴
蕭孟能誣告吃官司

【臺北訊】八年前，蕭孟能控告李敖侵佔的案件，最高法院昨日判決，這是一件誣告案，蕭孟能且被判刑四月減刑爲二月，不能易科罰金，全案確定。李敖對於這件平反的官司，昨日表示其對司法恢復部分信心。

八年前，蕭孟能與李敖失和，蕭孟能乃控告李敖侵佔其字畫、書籍、古董、家具等財物，但李敖具證指出，蕭所指控之事有錯誤，李敖且提出蕭移轉他以抵償欠債之證據，官司一打八年，最後由最高法院判決蕭孟能爲誣告，李敖乃獲得平反。

占其字画、书籍、古董、家具等财物，但李敖具证指出，萧所指控之事有错误，李敖且提出萧移转他以抵偿欠债之证据，官司一打八年，最后由“最高法院”判决萧孟能系诬告，李敖乃获得平反。

（原载1988年8月11日“《中央日报》”）

1988年8月11日，台湾报纸刊发了《控告李敖侵占败诉 萧孟能诬告吃官司》的消息

李敖就萧孟能诬告案澄清说明

顷接“最高法院”七十七年度台上字第三三六〇号判决书，确定萧孟能八年前控告李敖的所谓侵占案，乃是一件诬告。如今萧孟能自食诬告之果，被判徒刑，不能易科罚金。

回想八年前，李敖在众口铄金下被诬，八年来，锲而不舍，以澄清真相，终得“最高法院”此次刑事判决及先后七十二年度台上字第二四〇〇号、七十二年度台抗字第二四七号、七十三年度台上字第四五〇二号、七十三年度台上字第四六四七号、七十一年度台上字第二二二五号、七十三年度台上字第四五一一号六件民事判决及裁定，获得清白。兹就李敖被诬重点，聊做澄清如下。

判李敖有罪的高等法院三推事是林晃、黄剑青、顾锦才，他们在审判上的可议之处，现在查明的有：

一、三推事竟不承认亲笔字据。——在法庭上，李敖拿出萧孟能亲笔写的“字画、书籍、古董及家具等……均系本人移转与李先生以抵偿对其所欠之债务者，应该属李敖先生所有”的字条，以证明萧孟能在诬告。但是三推事却说“应有借据证明其有债权”，否则纵使有萧孟能亲笔字条，也不算数。但萧孟能既然最后以字画等抵债，原来的借据，自然就已返还债务人萧孟能了。三推事责怪李敖提不出借据，试问李敖若提得出，岂不变成一债两还了？难道三推事要李敖同意字画等抵债，又要扣留借据吗？天下可有这样的证据法则吗？可是三推事不管，硬判李敖侵占。

二、三推事竟不承认科学鉴定。——电话乃李敖借给萧孟能的，萧孟能竟告李敖侵占，理由是电信局的申请书是他亲笔填写的。经法院调卷，申请书赫然竟然是李敖的弟弟李放笔迹。萧孟能理屈，改口说是李放代他申请的，当时一次申请几个电话，请法院调次一号的申请书，如是李放笔迹，电话就是他的。经法院再调卷，并送刑事警察局科学鉴定，鉴定结果是前后两张申请书，“非一人所书写”！但三推事竟连这种鉴定报告都不采信，硬判李敖侵占。

三、三推事竟篡改笔录。——三推事说：“据周其新于本院供证确是签付自诉人而非借票。”因而判决“应可认定上引字据为虚伪意思表示而亦以委托关系交付”。

中報　星期一　一九八八年八月廿二日

李敖就蕭孟能誣告案澄清說明

但查笔录原文，明明是“借票”而非“签付”，周其新供证如此，三推事竟说“周其新确是签付自诉人而非借票”，法官如此篡改笔录，罗织人罪，真古今所无也。

四、三推事竟代裁证据。——三推事说：“自诉人复因委任被告处理一切事务而于备忘录中列入该支票款。”

1988年8月22日，台湾《中报》刊发的《李敖就萧孟能诬告案澄清说明》

所谓“备忘录”，其实从未给李敖，萧孟能也提不出给李敖的证据。按萧孟能全部委任共廿三项，为萧孟能书面提出，为李敖所是认，但其中并无代催讨十三张支票的委任，如果有的话，萧孟能为什么不列出？法官如此代裁证据，罗织人罪，真古今所无也！

五、三推事竟捏造配偶。——三推事说李敖把房屋“移转登记与其配偶胡因子”，是大错特错的！“移转登记”是一九八〇年一月十日，胡因子（胡因梦）成为“配偶”是同年五月六日。三推事为了造成“李敖把房子给了老婆”的伏笔，竟提前四个月使李敖结婚。法官如此捏造配偶，罗织人罪，真古今所无也！

六、三推事竟歪曲情理。——三推事说李敖“主张抵债之字画中，有自诉人之亡父萧同兹做寿时他人所送之条幅等如附表所列，依之情理，殊无用以抵债者，可证其所辩抵债之不实。”但林紫耀作证时，明明说萧孟能曾以齐白石画一幅向他抵债，画上有黄少谷题字“萧同兹吾兄主持中央社十五周年纪念”，可见世界上并无“纪念性书画不可抵债说”！三推事如此歪曲情理，罗织人罪，真古今所无也！

虽然三推事造成了李敖的冤狱，但是李敖并没有对司法全盘失望。八年来，先后有陈联欢、谢俊峰、葛浩坡、李文成、陶振声、刘为育、吴敦、叶百条、钟惠臣、杨荣、陈石狮、黄炎成、李琼荫、陈昆辉、刘焕宇、郑有田、陈计男、李锦丰、孙森焱、林耀邦、范秉阁、吕潮泽、林奇福、杨仁寿、马元枢、杨秉钺、陈培基、许枫、李相助、钟日成、施文仁、罗一宇、童有德、廖茂荣、郑汉龙、张祥麟、蔡诗文、蔡锦河、李星石、黄明霈、吴纯、陈正庸、杨贵志、黄雅卿、何惠民、郭柏成、纪俊乾等四十八位推事，都曾在不肯草率冤屈李敖上，公正做过审理，特此指出，以表示对司法恢复部分信心。另外值得一提的是，三推事中的黄剑青，在调升到“最高法院”后，在证明萧孟能诬告的流程上，也做过对萧孟能不利的判决。也许黄剑青在补救他在高院时对李敖的误判，如果这样，那么司法就更令人鼓舞了。

一九八八年八月十日

（原载 1988 年 8 月 22 日《中报》）

李敖当时将此房产转移到胡因梦名下，目的是继续偿付萧孟能房产所欠的大约一半的银行按揭款。为了补偿萧孟能原配夫人朱婉坚，此房产后来被转移到朱婉坚名下。

——李昕注

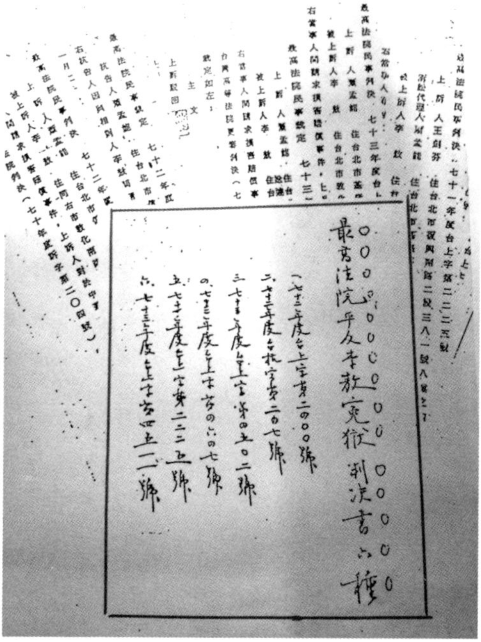

台湾地区“最高法院”平反萧孟能诬告李敖案六种判决书，李敖一一存档

因竊占罪下獄的蕭孟能，提出過堂。

报道萧孟能因窃占罪下狱的报纸，李敖也有保存

李敖不满被指说谎偷书控诽谤台学者许倬云被诉

中新网4月10日电 据台湾“中央社”报道，现年81岁的台湾“中央研究院”院士许倬云被控在口述新书中，批评作家李敖说谎、偷书、偷字画，遭李敖提告。台北检方10日依加重诽谤罪嫌将许倬云起诉。

“中研院”表示，许倬云目前人在美国，且没有留下美国的联络方式，暂无法得知他的回应，“中研院”将先透过电子邮件将讯息传达给许倬云。

全案先前在2010年12月间，台北地检署根据许与出版社往来文件，认为许在李提告前，已积极处理避免让该段内容散布于众，没有故意的犯意，将许倬云不起诉，李敖声请再议，高检署将案件发交台北检方重新侦查，台北检方10日改将许倬云起诉。

根据台北地检署的起诉书，许倬云于2010年1月间以口述方式，由记者撰写出版《许倬云谈话录》新书，书中指“李敖聪明有余，没有章法。我和李敖之间很不愉快，因为他说谎、偷书”“等到李敖要毕业的时候，我不盖图章，所以他没毕业”“萧孟能捧李敖出来，当他是朋友，他把朋友家里的字画偷掉”等语。

台北地检署重新侦查后，许倬云表示，曾要求出版社二刷时，删掉批评李敖的内容，但代笔记者告诉检察官，书本正式出版前，都没收到许倬云要求删除书稿中有关李敖的内容，检察官认为许倬云构成加重诽谤，改将他起诉。

（原载 2012 年 4 月 10 日中国新闻网）

李敖控台湾学者许倬云诽谤获赔200万新台币

中新网12月3日电 据台湾“中央社”报道，作家李敖不满台湾“中央研究院”院士许倬云在口述书籍中指他说谎、偷书、偷字画，提告求偿。台北地方法院判决许赔偿新台币200万元。

许倬云被控于2000年1月间，在大陆以口述方式，由大陆记者撰写出版《许倬云谈话录》书籍，书中指“李敖聪明有余，没有章法。我和李敖之间很不愉快，因为他说谎、偷书”“等到李敖要毕业的时候，我不盖图章，所以他没毕业”“萧孟能捧李敖出来，当他是朋友，他把朋友家里的字画偷掉”等语。

许倬云主张，在书籍第一版出版后，发现有非约定出版内容未删除，即要求出版社删掉批评李敖的内容，他也积极要求出版社回收书籍，避免内容继续散布，并无诽谤之意。

台北地院审理认为，书籍在第一版出版后，使李敖在社会上评价受贬损的文字已开始散布，许倬云过目书籍初版后为其写序，显见书籍内容均经他事前口述并事后审核同意，判决他赔偿李敖200万元并登报道歉，全案可上诉。

（原载2013年12月3日中国新闻网）

李敖著作大陆版权情况简介

一、1989年至1994年，李敖著作正式授权人民文学出版社在中国大陆出版，共推出李敖作品系列7种（图见下页），书目为：

1.《独白下的传统》

2.《李敖自传与回忆》

3.《北京法源寺》

4.《话中外古今》

5.《坐牢家爸爸给女儿的八十封信》

6.《蒋介石其人》

7.《蒋介石其事》

二、1996年以后，2010年以前，李敖著作主要在友谊出版公司出版，称为《李敖大全集》，共40卷。

独白下的传统
李敖

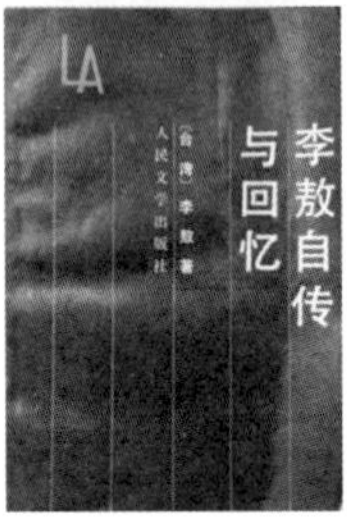
LA
李敖自传与回忆
(台湾) 李敖 著
人民文学出版社

北京法源寺
李敖 著

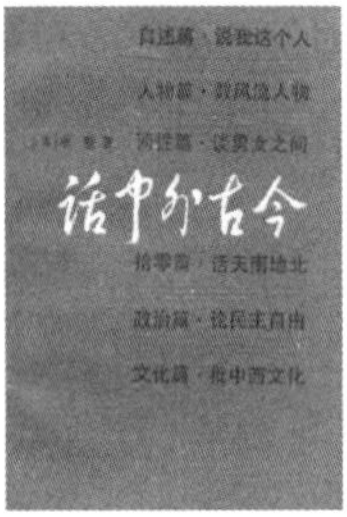
自述篇·说我这个人
人物篇·数风流人物
两性篇·谈男女之间
话中外古今
拾零篇·话天南地北
政治篇·论民主自由
文化篇·批中西文化

坐牢家爸爸
给女儿的八十封信

蒋介石其人
JIANG JIE SHI QI REN
(台湾)李敖著
人民文学出版社

蒋介石其事
JIANG JIE SHI QI SHI
(台湾)李敖著
人民文学出版社

《李敖大全集》卷目及总书目

文学与自传——

卷 1. 《北京法源寺》

卷 2. 《李敖回忆录》

卷 3. 《李敖快意恩仇录》

卷 4. 《李敖自传》

《李敖自传》

《李敖论人物》

《我最难忘的人和事》

人物专题研究——

卷 5. 《胡适研究》

《胡适研究》

《胡适评传》

卷 6. 《胡适与我》

《胡适与我》

《中国迷信新研》

卷 7. 《孙中山研究》

《孙中山研究》

《孙逸仙和中国西化医学》

卷 8. **《蒋介石评传》(上)**

卷 9. **《蒋介石评传》(下)**

《蒋介石评传》(下)

《蒋介石的真面目》

卷 10. **《蒋介石研究》(上)**

《蒋介石研究》

《蒋介石研究续集》

卷 11. **《蒋介石研究》(中)**

《蒋介石研究三集》

《蒋介石研究四集》

卷 12. **《蒋介石研究》(下)**

《蒋介石研究五集》

《蒋介石研究六集》

卷 13. **《蒋经国研究》**

《蒋经国研究》

《论定蒋经国》

《蒋家臭史》

《老贼臭史》

传统与文化专题研究——

卷 14. 《传统下的独白》

《传统下的独白》

《独白下的传统》

《中国艺术新研》

卷 15. 《丑陋的中国人研究》

《丑陋的中国人研究》

《郑南榕研究》

《你是景福门》

卷 16. 《中国性命研究》

《中国性研究》

《中国命研究》

卷 17. 《中国文化论战》

《文化论战丹火录》

《上下古今谈》

历史与时政专题研究——

卷 18. 《为自由招魂》

《为自由招魂》

《为历史拨云》

《为文学开窗》

卷 19. 《李敖新语》

《世论新语》

《求是新语》

《波波颂》

卷 20. 《国民党研究》

《国民党研究》

《国民党研究续集》

《国民党臭史》

卷 21. 《民进党研究》

《民进党研究》

《你不知道的彭明敏》

卷 22. 《李登辉的真面目》

《李登辉的真面目》

《李登辉的假面目》

《陈水扁的真面目》

卷 23. 《冷眼看台湾》

《冷眼看台湾》

《法眼看台湾》

《白眼看台湾》

卷 24. 《李敖论台湾族群》

《给国民党难看》

《给台湾人难看》

《给外省人难看》

卷 25. 《李敖论史》

《中国近代史新论》

《中国现代史新论》

《中国现代史正论》

卷 26. 《李敖论二二八》

《你不知道的二二八》

《另一面的二二八》

卷 27. 《历史与人像》

《历史与人像》

《教育与脸谱》

《为中国思想趋向求答案》

卷 28. 《读史指南》

《读史指南》

《要把金针度与人》

《我是天安门》

私房书——

卷 29. 《李敖私房书》（一）

《李敖情书集》

《李敖书信集》

卷 30. 《李敖私房书》（二）

《李敖对话录》

《爱情的秘密》

卷 31. 《李敖私房书》（三）

《李敖秘藏日记》

《李敖五五日记》

《大学后期日记甲》

《大学后期日记乙》

卷 32. 《李敖私房书》（四）

《一个预备军官的日记（上）》

卷 33. 《李敖私房书》(五)

《一个预备军官的日记(下)》

《早年日记》

卷 34. 《李敖私房书》(六)

《白色恐怖述奇》

《坐牢家爸爸给女儿的八十封信》

杂写集——

卷 35. 《李敖杂写》(一)

《李敖文存》

《李敖文存二集》

《大学札记》

《李敖札记》

《李语录》

卷 36. 《李敖杂写》(二)

《李敖随写录前集》

《李敖随写录后集》

《李敖报刊集》

《李敖书序集》

卷 37. 《李敖杂写》(三)

《李敖闹衙集》

《李敖刀笔集》

《李敖弄法集》

卷 38. 《李敖杂写》(四)

《李敖书翰集》

《李敖书札集》

《李敖书简集》

卷 39. 《李敖杂写》(五)

《李敖书牍集》

《李敖书笺集》

《李敖书函集》

卷 40. 《李敖杂写》(六)

《李敖书启集》

《李敖放刁集》

《李敖好讼集》

三、2011 年以后，李敖著作在大陆主要由磨铁公司出版，用时代文艺出版社的名义，归入“李敖五十年唯一自选集”出版，共10个品种。

1. 《北京法源寺》

2. 《李敖回忆录》

3. 《我最难忘的事和人》(含《我最难忘的事和人》《胡适与我》)

4. 《李敖快意恩仇录》

5. 《胡适研究》(含《胡适研究》《胡适评传》)

6. 《李敖情书集》

7. 《蒋介石评传》

8. 《中国性研究》(含《中国性研究》《中国命研究》)

9. 《传统下的独白》(含《传统下的独白》《独白下的传统》《中国艺术新研》)

10. 《为自由招魂》(含《为自由招魂》《为历史拨云》《为文学开窗》)

四、2011年，中信出版社出版李敖的《审判美国》。

策划 / 出品：胡洪侠
责任编辑：高照亮 汪小玲
装帧设计：刘晓翔工作室

图书在版编目（CIP）数据

李敖登陆记：出版背后的故事 / 李昕著 .-- 深圳：深圳报业集团出版社，2016.8
ISBN 978-7-80709-746-4

Ⅰ. ①李… Ⅱ. ①李… Ⅲ. ①李敖—生平事迹②出版业—发展—研究 Ⅳ. ① K825.6 ② G239.2

中国版本图书馆 CIP 数据核字 (2016) 第 194669 号

李敖登陆记：出版背后的故事
李昕 著

深圳报业集团出版社出版发行
(518034 深圳市福田区商报路 2 号）
河北鹏润印刷有限公司印制 新华书店经销
2016 年 8 月第 1 版 2016 年 8 月第 1 次印刷
开本：787mm × 1092mm 1/32 字数：80 千字 印张：7.375
ISBN 978-7-80709-746-4 定价：48.00 元